U0030389

# 寶藏

臺灣是寶島，寶在哪裡？

如何尋寶？

王賜章——著

## 【推薦序】社會寶藏在德育，庶民教育在正見

吳清基／臺灣教育大學系統總校長、中華民國孔孟學會理事長
中國青年救國團理事長、前教育部長、國策顧問

### 一、前言──臺灣最美麗的風景是人

　　臺灣是寶島，四百多年前當葡萄牙人行船經過臺灣時，發現臺灣之美，大呼「福爾摩沙」（Formosa）！驚嘆臺灣是一個美麗島嶼；風光明媚，四季如春，人民生活安居樂業，猶如海上仙島、世外桃源。

　　其實，今日臺灣的美，不只是自然環境的美，更在於人文社會環境的善，人人樂於行善助人，保存中華民族五千年優質傳統、歷史文化和倫理道德。

　　臺灣雖然地不大，自然資源也有限，但是人力資源的開發確實很成功。教育普及，人力素質高，科技進步，具有國際競爭力，尤其半導體、晶圓片、電子高科技更是領先世界，具有舉足輕重的優勢，受世人所肯定。

　　教育是人類的希望工程，不僅有助國家教育發展，提升國際競爭力，亦可有利民族意識之凝聚，發揮民族精神之傳承，對個人向上社會流動亦有所幫助，是協助弱勢族群子女脫貧的一股重要力量。教育因可富裕社會、美化人心，一向為人所關注。

　　今天臺灣最美麗的風景是人，所以能為外人所稱道而廣傳於世界，更可顯示臺灣教育的成功，已將人身、心、靈融合於傳統倫理道德之下，其陶冶人善良本性，使樂於助人行善，來追求「老吾老以及人之老；幼吾幼以及人之幼」之和諧愛心社會實現。

## 二、學校教育與庶民教育要兼顧

　　教育的功能，在美化心靈、化民成俗、引導國家社會的進步。古聖先賢《說文解字》云：「教者，上所施下所效也；育者，養子使作善也。」透過教育的實施，可教人「認知、技能、情意」之成長，是使人「由不知而變知，由好而變得更好」的學習發展歷程。

　　事實上，人與動物之差別，乃在於人類可以藉由教育的學習成長，而站在前人的肩膀上，可以看得更高更遠；而不像動物缺乏教育之實施，完全要依賴生理本能一切從頭開始。

　　古來人類教育學習的活動，可分正式教育學習和非正式教育學習二類。前者是透過一定的教育設施安排下來進行，如：學校教育活動的進行，有固定場所、有正式課程、有專業師資、有一定時間上課和評量，此正式教育即學校教育，一般是國家政府應盡的義務和責任。

　　而非正式教育的實施，則是學校之外，發生在家庭和社會所實施的教育活動。家庭教育之場所則以家庭為主，

教師是父母或家人，不必有專業訓練，只要有經驗可傳授即可，任何時間不分晝夜均可進行，沒有考試評量、沒有學習壓力限制。至於社會教育的實施，在今天終身學習的時代，隨時隨地都在發生，直接面授或遠距線上學習，都可以進行。

課程教材內容隨個人需要所選定，場所可在生活周遭，包括寺廟、教堂、宗教活動、藝文表演、時事新聞……等，均有潛移默化的教育功能。其實，一個人接受正式學校教育影響的時間及年齡，可能較為短暫，或許二十年左右，三十歲前後，即會告一段落。

但是，非正式教育影響，來自家庭教育和社會教育，則是終身一輩子都在進行中，或稱庶民教育，非專業性，但影響性可能更為深遠。庶民教育，或稱終身教育，在今天的重要性，可能比正式學校教育更為人所重視。

## 三、中華文化傳承寶藏──五倫四維八德

中華民族淵遠流長，傳承五千年優質的歷史文化道統，其中德育之核心價值，在於五倫和四維八德之倡行，顯示中華民族是一個重視倫常人性化的文明社會族群組合。五倫教育，指出人際互動，要維繫一定的倫常和規範，使人類社會能更溫馨有品味的運作。

因此，「父子有親，君臣有義，夫婦有別，長幼有序，朋友有信」是人際倫常須遵循的準則，社會上人際關

係能相互尊重、友善對待，則這個社會將是文明進步的社會。中華民族能維持五千年而不墜，五倫教育能深入人心，應有以致之。

其次，四維教育強調「禮、義、廉、恥」，八德教育重視「忠、孝、仁、愛、信、義、和、平」，亦是值得肯定的。臺灣的中小學教育，過去政府將「禮、義、廉、恥」訂為學校校訓，作為學生行為發展學習的指標；將「忠、孝、仁、愛、信、義、和、平」列為青年守則的要項，供作中學生行為學習的準則。其實，也深刻影響今日中壯年之臺灣人民，對他們的為人處事，應均有正面影響的發生作用。

「態度決定高度，品德決定未來」，中華文化的寶藏是在道德倫理教育，在教導人民做一個有人格、有品德的有用的人，如果人人有品德，則社會有序不會亂，盜竊亂賊而不作，人民自可安居樂業，先小康社會，再進為大同世界才有可能。

因此，中華傳統文化所力倡核心價值：「誠意、正心、修身、齊家、治國、平天下」及「智慧」不起煩惱的精進，慈悲沒有敵人的「布施」，乃成為培育社會有品德、有用人才之不二法門。

## 四、庶民教育力量大──正見寺廟宗教的潛在課程

王賜章先生是基層里長出身，為人誠懇踏實，長期熱心服務底層里民，口碑甚佳，被稱為「土地公」里長伯。雖非學教育出身，但是卻對教育問題非常關切。

在本書中他一語道破，中華文化的寶藏是在德育，在透過四維八德及五倫的教育：培育社會上每一個人都能成為有人格之有路用的人。

但是，因為社會快速轉型變遷，家庭教育失能；功利主義價值觀充斥，道德勸說失靈；西潮東進，網路科技盛行，道德價值失質。雖然，學校教育責無旁貸，不能推辭其應有的教化義務和責任；但是，若能發揮庶民教育的力量，善用社會宗教和寺廟的功能及力量，則或可有效彌補學校教育之不足，確具真知灼見。

事實上，正如王賜章先生在書中所指出：東方和諧社會是由二股力量所鏈結：社會規範及人生信仰。因此營造和諧家庭、和諧社區鄰里、和諧族群，是任何時代、任何執政者所刻不容緩的課題，而經由宗教及寺廟的「正見」推廣、釐清一般社會人士迷信誤導之偏差說法，卻有其積極必要性。亦即透過寺廟神明之參拜，培養正見宗廟觀念，型塑正確道德倫理觀，是有效扭轉今日社會道德偏差淪落缺失之可行途徑。

王賜章先生認為釋、儒、道三家，對世人道德觀念的提倡均有異曲同工之效。儒家希望建立「倫理」關係，培

育道德力行成效；佛教則提出「輪迴」觀念，勸人不可作惡會下地獄，要能行善才能到西方極樂世界；道家則指出「報應」，警醒世人惡有惡報、善有善報。

可見宗教是一本「無字之書」，具有言教、身教、境教、制教之「潛在課程」功能。雖是非正式的教育，但是宗教併同民俗活動，利用春節、清明節、端午節、中秋節及三元節之實施，確實在華人社會中產生非常積極性的教育引導作用和影響功能。

作為一位教育行政工作人員，我非常認同此種看法。一個家庭、社區或族群，若能重現傳統年節習俗，能向孩子或家人訴說這些年節習俗的由來，對家人或小孩之家庭倫理規範奉行，或道德行為培養，均有意想不到的正面效應會產生。

例如：

1. 春節：顯示家人團聚，加強家庭倫常，凝聚親人情感的溫馨。

2. 清明：期求緬懷祖先，慎終追遠，策勵自我上進的努力。

3. 端午：效法先賢愛國情操，克盡本身職責，關心國家社會的公益。

4. 中秋：傳達家人親情、團聚的可貴、月圓人團圓、追求幸福美滿的人生。

5. 三元節：

(1) 上元節

　　農曆元月十五日為上元節，拜天公、迎春牛、放天燈、鬧花燈、炸寒單、吃元宵、猜燈謎、乞龜……等活動，均有「一年之計在於春」的自我上進期許，要求自己要有目標、信心、勇氣、行動、團體、學習等德行，蓄勢待發，創造美好未來的決心。

(2) 中元節

　　農曆七月十五日為中元節，開鬼門關、捉交替、普渡、放水燈、義民祭、城隍爺出巡、關鬼門……等活動，告知世人不要因夏天風災、水災、地震等天災人禍，而懷憂喪志。人要敬天地畏鬼神，小心行事堅忍不拔，若有遇到挫折不順利，要重新奮起，擦乾眼淚，繼續努力。這是很勵志性的德行培訓，具有庶民教育作用。

(3) 下元節

　　農曆十月十五日為下元節，秋收後百姓設壇，謝天地、辦法會，感謝老天賜福，風調雨順、國泰民安、五穀豐收、六畜興旺。與原住民「豐年祭」、美國人「感恩節」之節慶，具有相同意義，勉勵為人要「常懷感恩心」，「飲水思源頭，吃水菓拜樹頭」，不可忘本。

由於透過節慶活動，舉辦民俗儀典，能啟發人心積極上進，慎終追遠，感謝家人親友，常懷感謝心，而知自我惕勵，對培養人的良好德行是有正向教育啟示作用的。此外，經由宗教寺廟神明的祭拜，亦是一種教化人心，給予庶民教育正向能量的來源，亦值得珍惜推廣。王賜章先生，擔任「土地公」里長伯，長期投入地方宗教寺廟知活動，對神明參拜知正見價值，有其卓越見地，殊值肯定。

例如：

1. **彌勒佛**：笑口常開、與人為善、樂觀進取、無分別心、有教無類，顯示「有容乃大，無欲則剛」之精神，符合「誠意」正念德行之啟示。

2. **王母娘娘**：寬恕和氣、堅強忍耐，做好「寬和堅忍」情緒管理，渡化他人，排難解厄，顯示「正面思考，母儀天下」之風範，符合「正心」正念之憨德傳承。

3. **土地公**：熱心公益，利他不私人、做人不貪心、做事不貪財、做官不貪汙、行善不貪名，顯示「樂善好施，勤於助人」之德行，符合「修身」正念之行為楷模。

4. **恩主公**：關聖帝君讀好書、說好話、行好事、做好人之明訓，父子有情、君臣有義、夫婦有別、長幼有序、朋友有信，顯示「忠孝節義，義薄青天」符合「齊家」正念之做人原則。

5. **媽祖**：犧牲自己、成就他人、普渡眾生、不畏艱難、與民長在、捨我其誰，顯示「美好人生，有我相挺」之心念，符合「治國」正念之服務準則。

6. **三界公**：彼此尊重、和諧相處、積極奮進、互助合作、有福同享，顯示「平等互惠、知足感恩」之心念，符合「平天下」正念之理想未來。

7. **地藏王**：諸惡莫作，眾善奉行；地獄未空、誓不成佛，誨人不倦，止於至善，顯示「感恩分享，放下利他」之心念，符合「布施」正念之偉大情懷。

8. **觀世音**：聞聲救難、離苦得樂、渡化眾生、無欲放空、無我隨緣，顯示「利益眾生，慈悲喜捨」之心念，符合「慈善」正念之般若「智慧」。

當然，今天仍有不少人是無神論者，對宗教信仰一直有偏見有歧視，認為是迷信無知，不值推廣。其實，今天的社會多元開放，任何人都有表達不同的自我見地之權利和機會。信仰本身就是一種思想力量，信其有，自有力量；不信其有，當然自然無感。

西方文明社會對宗教力量的存在和敬重，不亞於東方社會，天主教徒對聖母瑪利亞、基督教徒對耶穌基督、回教徒對穆罕默德、佛教徒對釋迦牟尼佛……等不同教派都有其信仰崇拜之主神存在。

事實上，信仰崇拜是在「正心」、「正念」與「正

見」，若能轉化成正確的德行和為人處世的正確力量，則宗教信仰的目的即可圓滿達成。

## 五、結語——德育實踐，庶民有力

王賜章先生在本書中指出，尋寶的最終目的，就是要讓人人成為有人格的人、成為有路用的人，這是臺灣取之不盡、用之不竭的寶藏，卻有其肯定之見地；而尋寶之途徑，要落實德育的學習，更是一針見血、感人肺腑之言。

的確，中華文化傳承五千年，其核心價值確實在教人成為君子，成為有德性的人。因此，德育的重要性自不待贅言，而培育有德性的人，要雙軌並行，一者靠學校教育的正式教育來培養；一者利用家庭及社會的非正式教導來傳承。亦即學校教育和庶民教育雙軌同步，其效果更好。

王賜章先生大力推動家庭教育即寺廟宗教之教化功能，用心良苦、見地感人，確有其前瞻見解，值得肯定和支持。王賜章先生非學教育出身，亦未投入學校教育工作行列，卻能如此深入關注國家社會人才培育與發展，且言之成理，自成一家，稱其為「庶民教育家」，確實不為過。

希望本書之出版，來對寺廟宗教和民俗節慶的「正見」建立共識、齊心共力，相信臺灣明天會更好，臺灣到處都有「寶藏」，這是臺灣人的福氣。

## 【推薦序】跨越時空，人神相通的生活故事

蔡青蓉／國小資深教師

　　和生活有關的各類故事總是引人關注，尤其未可知的部分，更是引人入勝，本書就是這樣的故事。

　　「在跟神對話時，其實每個人都是在跟自己的內心講話。」書裡的這句話讓我特別感興趣，人在為理想抱負的生活奮鬥中不斷向外索求著，在靜定省思後會知道一切都是從心的躍動而奮起，也因心的靜定而平息，在日復一日的勞動裡，所有的對話都是和自己的心對話。

　　科技進步，加速了人事的運作，人們為了處理爆量的訊息與層層堆疊的事件疲於奔命，身心的負荷也逐漸到了極限，就算是應運而生的新人類，也有難以承擔與重重未知的壓力，要能舒緩與面對諸多適應的問題，朝向內心與未知世界的嘗試和研究是人類迎向未來的新目標。

　　拿到本書的同時，我聯想到時下流行的正念課程，在實作課程與書籍中，引領人們身心平靜的練習。此外，在眾多書籍與練習中，李嗣涔教授撬場科學的研究也有出乎意料的成果，帶著「突破時空的限制，人類文明將充滿無限可能」這樣的目標下，存著希望在心中是人們努力不懈的動力。

　　本書作者是一位歷練深厚、充滿智慧的長者,他不只是將人生的經驗、歷練以文字做分析與分享,讓人印象深刻的是,他曾經定點站崗到深夜,只為了決心維護社區、鄰里的環境整潔,讓垃圾不落地的心願實現。

　　他也曾經盡力籌組各種志工團隊服務鄉里、主辦節慶睦鄰活動,就為了提升住民的生活品質,並且拉近住民間的互助情感,書中或許他沒有深談日常行舉,但是在他的論述中隱約可見。

　　探究本書,可以讓失根的人尋回歸宿,讓生活沒有目標的人重燃鬥志,讓徬徨不安的人心靈能安住。書中將生活的內涵、人事的連結與宗教信仰和信念,條理清晰的敘述,可以讓讀者在內觀自身體會之餘,還能有豁然開朗的喜悅。

　　生活在信仰裡,在信仰裡生活,以積極的態度與心念覺知生活中的各種儀式,便能發現祝福與感謝無限循環。宮廟文化涵蓋人們日常生活節慶、婚喪禮節,宮廟文化中的神祇,鮮明的形象、動人的事蹟,引領人們突破困境、奮發上進,也昇華了人心善、德的具體表現,帶給人們無窮的勇氣與希望。

　　本書作者強調宮廟文化不同於宗教活動,宮廟文化呈現的是日常生活的核心,是歷來促進人類社會在和諧中不斷進步演化的重要力量,是傳承人類歷史的「無字之書」,因此透過教育端正認知宮廟文化,有助於提升人的

道德品格。

　　本書是一本讓人讀完「心純、念真、行正」的修行經典，也可以作為新手父母的教學指引，書裡提到的寶藏，不只可以留在己身收藏，還可以代代相傳，能聯通古今、人神的意識和心念，讓人與人的生活溝通更順暢，讓世界的運作更美好。

## 【推薦序】德不孤，必有鄰

楊國德／朝陽科技大學銀髮產業管理系教授、
中華民國成人及終身教育學會理事長

　　賜章大哥著成本書，囑咐我寫一篇推薦文，真是我莫大的榮幸，除了先能拜讀大作外，亦早些吸收到滿滿的正能量！尤其提醒我「老人共餐」係我們曾經討論過的議題，要我再針對這部分提供看法，幫助大家思考長輩們營養健康及家庭互助關係的課題，期盼共同提升高齡社會的生活內涵與品質！

　　當要執筆寫作時，就出現如標題所示的念頭。這句話出自《論語》，弟子問孔子：「人皆有兄弟，我獨無。」孔子回答道：「德不孤，必有鄰。」

　　賜章大哥在書中貫串德之知、育、失、行的論述，以及過去服務鄰里的實踐，到本書最後獻出未來取寶藏的方略，都能呼應這句話的精神。

　　所謂「德」，是有道德的人，「不孤」，就不會感到孤單；因此不必靠有血緣的兄弟，必定已有志同道合者來相伴。這在當前少子高齡化的社會，正有著暮鼓晨鐘的啟示作用。

　　再說「必有鄰」，從字面來理解「鄰」就是「鄰居」。在生活中鄰里關係是人們接觸最多、也是最為重要

的人際關係之一，俗話說「遠親不如近鄰」，親近和諧的鄰里關係，是幸福生活的一個重要元素；也就是我們當前所稱的社區大家庭，強調鄰居之間互相親近如同家人的關係，形成一個生命共同體。

　　賜章大哥是基層里長出身，待人處世誠懇踏實、熱心服務，乃有口皆碑的里長伯。對營造和諧家庭、和諧社區鄰里、和諧族群，具有深深的使命感，期盼經由宗教及寺廟的「正見」推廣、釐清迷信誤導之偏差說法，培養正見宗廟觀念，型塑正確的道德倫理觀，以扭轉社會道德偏差之現象。

　　他強調宗教是一本「無字之書」，併同民俗活動，透過節慶活動產生積極德育作用。這是我們要尋取的寶藏，促使自己成為有人格、有路用的人。其提倡的正見擲地有聲，其落實德育的行動方案一針見血，令人感佩不已。

　　我們所傳承的文化博大精深，從本書的內容已可看出一二，論其核心價值就在培養代代相傳的有德之人。我們常浸淫寶藏中而不自知，只是拿香跟著拜，未再細究及傳承，這也是王大哥念茲在茲所在。

　　從家庭到學校連結社會，要重視寺廟宗教之教化功能，推廣民俗節慶的「正見」共識，讓這些「寶藏」發光發熱，造福一代又一代的臺灣子民及地球村的人民大眾。

　　其中印象相當深刻的一項是「阿嬤的祈禱文」，展現我們對家庭守護之心，關心家人的健康平安，日常與人為

善、勤奮持家、敬老尊賢，因此在祭拜時，心心念著祝福每個人，時時刻刻惦記著落實德育。阿嬤代表母親，我們最感恩敬重的人，永遠是我們學習的榜樣。

賜章大哥要傳達的智慧，其根源就是阿嬤，以及我們一代又一代的先祖。傳承阿嬤的精神，就是德育的總體精神，落實到大家要尋找出的寶藏。

由於民間信仰和民俗活動逐漸式微，家庭失能問題層出不窮，特別是老人獨居和幼童托育困擾，是重中之重。民間信仰和民俗活動，是先人留下來的「寶藏」，展現先賢們「生命之道、生活之道、生存之道」，智慧的結晶透過精心規畫的民間信仰和民俗活動，不著痕跡地教化眾生，建構和諧及安居樂業的生活環境。

不僅傳遞文化、教化人心、消弭問題於無形，也幫助家庭事業順遂成功。賜章大哥花費如此大的心力，將這些瑰寶整理成書，裨益社會發展既深且遠！

此外，一定要回應賜章大哥的要求，那就是他所提到的共餐餐廳（找回習俗）議題。的確，民以食為天，過去大家庭的家族互助功能，讓長者得以頤養天年、衣食無缺，如今已不可能。唯有發展前面的「必有鄰」，營造和諧的社區大家庭，提供社區長者共餐，不僅社區老人得到照顧，又有年輕輩跨世代陪同交流。

大家先訂好規範，安排場地、業務項目、負責人員等，形成共煮、共食、共餐的組合。進一步配合年節及民

俗節慶來跨組活動，設定相關主題，擴大辦理社區共餐、美食饗宴，以增進大家互動及情感交流。

這時候，我們就可以善用社區的各種場地，包括廟宇等集會場所，目前我們已看到，有大廟興學辦理社區大學、樂齡學習中心據點，以及社區關懷據點、日間照顧中心等。除了繼續推廣這些模式外，本書所提的方案，更是值得推動。

照顧好我們大家的老寶貝，從日常飲食提供均衡營養衛生滿意的餐點開始，讓他們健康老化，減少病痛折磨及醫療支出，不用年輕輩擔憂和影響工作，就是長輩最大的貢獻及晚輩孝道的展現。

有人形容這樣的收穫，目前的行情是每月三萬元，因為不用支出醫療、看護及其他繁瑣的消耗。將這筆費用投入社區老人共餐，賺到好吃、好營養的餐點，賺到每天健康快樂的身心，賺到與共餐夥伴互助合作的時光。

俗話說，要活就要動。用聯合國的口號是「活躍老化」，要更傳神地說是：「活跳跳，就不會死翹翹。」我們期待長輩們都健康活到老，像是以 96 歲高齡往生的英國女王一樣，只臥病在床一天。

若能參照本書的建議方案，讓我們的社區老人參與共餐，得到身心靈及社會都健康，透過走動、互動、活動，快樂活躍呷百二，將與英國女王享有一樣的健康與尊榮。

是的，「德不孤，必有鄰」乃孔夫子明訓，賜章大哥

經由本書詳細加以闡述,這是我個人的一點體會,不知身為讀者的您,是否也會有相同或不同的感受?尚請不吝指教。

最重要的是,期盼您跟我一起響應本書所要倡導的理念與方略,協助推廣這些正見及推動相關的方法及方案,讓這些文化寶藏裨益於更多的人群大眾。

## 【推薦序】找回人人需要的倫理道德

何福田／退休教授

大家都知道，教育的內涵包括德育、智育、體育、群育和美育，無可諱言，智育包羅萬象，也最受重視。王賜章先生的大作中，強調德育的重要性，此乃中華民族五千年文化中的寶貝。

我很贊同這種觀點，甚至以為其他四育雖然都有其各自的內容，不必開口、閉口談到德育，但其教育宗旨都不能違反德育的要求，譬如不守誠信、不知禮義廉恥。

尤其德育施教不易，王先生倡議以民俗，特別是寺廟各種活動以輔助學校不易實施德育之困難，並大聲疾呼大家不可把信仰視為迷信、民俗視為宗教，我也贊同它們具有正向功能。

衷心盼望此書帶著大家尋寶，能夠找回人人需要的倫理道德。

## 【推薦序】因應超高齡社會到來，三代同堂是解方

**周老爹**／三軍大學畢業、華航總機師退休、公民記者

　　當一個社會的 65 歲以上老年人口占比超過 20%，稱之為「超高齡社會」。而根據國發會的推估，臺灣即將在 2025 年提早進入超高齡社會。

　　人口高齡化，明確地說，就是老人家增多了啦！

　　政府不僅須提早規畫因應相關的醫療健康、社會福利措施，青壯年人口也會因為高齡化，使得負擔越來越重，高齡化對社會的影響，是全面且巨大的。

　　面臨人口高齡化，我們在居家照顧作息上，也是有必要提前先部署。王賜章先生所倡議的三代同堂概念，基本上我們是非常盼望、推薦，而且是樂觀其成的。

　　三代同堂讓老、中、青三代皆蒙其利，四房兩廳配合老舊公寓都更，政府贈送 5 坪的建築成本，使三代同堂徹底解決目前的社會問題。

　　三代同堂親人住在一起彼此照應，老人、小孩皆得到照護。老的分享生活經驗、分擔部分孫輩的勞務；中間的壯年全心忙於工作，行有餘力照顧家庭；晚孫輩則在愛的呵護中快樂成長，讓身教言教得以傳承、五倫得以落實。

　　凡事相信凡事盼望，讓愛永不止息。感恩與祝福、長

存我心。

現代人們的生活，似乎都圍著時間的巨輪在走，時間成了作息的依據，因著人手一機的手機，時間的準確性與依賴性也與時俱增。可以這麼說，時間是催促人類的文明、邁向前進的動力。

人稱周老爹的我，有三個外孫，分別是國小四年級、二年級和上幼幼班的三個小男生。女兒們都是上班族，「接放學」是我搶來的功課。

三十八年的藍天飛行、十年的地勤教學，如今完全退下來，閒閒沒代誌，「接放學」成了我樂意、感恩且勝任的代誌。

放學時間是我一天的重頭戲，第一優先要處理的事。週一到週五隨著時間一分一秒的接近，行人、摩托車、汽車一輛接著一輛，自動有序地開始，接續在巷口排列，東湖國小的大門口邊，人們開始聚集熱鬧起來。

從眼神的第一次接觸開始，一回生二回熟。從點頭到相互問候，接小朋友回家的家長，三五成群地開始交談，一時間，聲音也加入了戰局。無論晴雨、四季的輪替，「接小朋友放學」的行程，是每天必演的戲碼。

校門裡的另一邊，小朋友跟著老師的號令，收拾書包，有序地排著隊伍準備回家。糾察隊、引導旗，整齊的等待著。

「時間」到！老校工緩緩地打開閘門，剎那間魚貫似

的小朋友衝進了人群，家長們迎來久違的莘莘學子，每個人以最大的熱誠噓寒問暖。

「今天還開心嗎？有沒有什麼要分享的呢？」

就這樣，大手牽小手「回家」去啦！

放學途中，我們親子互動愉快，從鼓勵講話開始，到無話不談，老大就是這樣每天盯著九九乘法、成語接龍……，讓「家庭學」教育的學習接續。現在弟弟也開始有樣學樣，由奇數的加減開始。

三代同堂，親人住在一起彼此照應，「愛」就在無形中自然產生。尤其來自親人之間的強烈關愛、忠誠及善意的情感與心理狀態，血緣關係下，家人之間的情感，是「蜜」不可分的啊！

三代同堂最大的收穫是親子、祖孫之間的那種親密時光，讓家庭充滿著祥和之氣，自然產生那種「家」的氛圍。以「溫馨接送情」為例，一個簡簡單單的工作，不但讓老有所用、幼有所依，也填補了雙薪家庭的空檔，無法安排時間的尷尬。

以親情「自己人」去安親、接送，解決了家庭、社會……等問題，著實是一舉數得啊！

大家只要朝向家庭學，三觀相同、共同學習、彼此互動，三代同堂是未來「老」的歸宿，更是「超高齡社會」來臨前的因應之道呀！

## 【推薦序】為最美的風景打拚

**劉進明**／社團法人臺灣公安學會理事長

賜章和我是熟識三十餘年的老友,他一直是這麼熱心公益,積極參與和舉辦在地的宗教慶典等民俗活動,實地田野調查,親身查訪研究兩岸民間信仰的主要宮廟,探究宗教文物及文化等,在宗教的領域有非常豐富的思維與獨到的見解。

本書預期將會洛陽紙貴、造成風潮,對社會德育核心價值的宣導,與民俗活動經驗的傳承,個人持肯定與支持的態度。

「寄蜉蝣於天地,渺滄海之一粟。」我們的生命幾十年,和天地洪荒比起來是非常的渺小,更言之,地球和宇宙天際相較如塵灰般的渺小,在地球生活的人類,又能有其多偉大呢?

人類重於傳承,如何創造好的生活給未來子孫好延續,是每一代的人類應該共同生生不息的努力方向,且然為人,少不了需要安心,又該如何創造心靈寄託所在?在這著作有著實質探討與能理解,所以,更要好好把握此生,著書立言及經驗傳承。

拙為建築物的醫生二十餘年,目前擔任臺灣公安學會

的理事長，著作公安之路教育訓練等書籍，守護臺灣建築物的公共安全。相對而言，宗教是心靈的醫師，作者藉由論述宣導德育來淨化心靈，守護人本德育的核心價值。

　　本書以尋寶的思路，建構各章的基本思維，從前言開始，共分德之知、德之育、德之失及德之行四篇，內容深入淺出，將傳統慶典活動採用傳統說書的手法，快速融入群眾的生活中，會引發讀者繼續閱讀的欲望，不但喚起讀者的共同體認，也藉由讀者的共同討論，形塑了德育的核心價值，很容易達到德育宣導淨化心靈的目的。

　　冀望賜章老里長繼續發揮智慧、著作傳承經驗，繼續為臺灣「最美的風景」打拚，為美好生活與和諧社會奉獻心力。

## 【推薦序】開啟下一代的寶藏──親子讀經班

陳德榮／企業家、社福團體志工

　　拜讀賜章同學的本書，闡述承續傳統智慧與當代教育之關聯，其見解獨具慧眼，可見其用心之苦、關懷之深。

　　後學辱蒙王兄邀請，撰寫一篇關於「讀經教育」的介紹，一直因事務繁忙，致拖延甚久，甚感惶恐。又怕拙見難入大眾法眼，有誤世道人心。然盛情難卻，乃不揣寡陋，勉予敘述有關親子讀經與兒童教育之關聯。

　　所謂「童蒙」，乃兒童未受教育時，智慧未開；藉由教育，啟迪心性，故稱之為「啟蒙」。童蒙未受聖賢教育，有如蒙著眼睛，所以不知義理、不明道理。長大後我行我素，導致人與人間的摩擦與衝突，正所謂有理行遍天下，無理寸步難行。故古人重視「童蒙養正」，自幼若能以養之以聖賢之道，導之以禮樂之教，心性端正、品德美善，將可成為文質彬彬之正人君子。

　　古代的啟蒙教育，除了「灑掃、應對、進退」的生活實踐之外，主要以《四書》、《五經》為主，屬於「聖賢教育」及「德行教育」之範疇。誠如孔子所云：「志於道，據於德，依於仁，游於藝。」禮、樂、射、御、書、數的六藝之學，雖然不可偏廢，但「成德」才是教育的重

點所在。本末之間,有其學習的輕重與順序在,與現代教育之追求知識已然不同。

　　觀今之教育,視聖人垂留之《四書》、《五經》及所揭示之倫理道德為迂腐、不切實際,殊不知倫理道德乃在於君臣、父子、兄弟、夫婦、朋友五倫間,自我本分之實踐,謹守本分乃德行之開端,所以古代啟蒙以德育為主。

　　而今社會之變遷、潮流之新穎,可嘆道德倫理竟隨之式微。追逐名利的社會價值觀,遂使德育被忽視,而功利主義四處充斥,人與人之間遂由競而爭,由爭而戰。這就是現今教育專精於智育,而未以德育為基礎之結果。

　　教育是百年大計,然而,教育目標不可不慎,如果一昧地聚焦在智育卻忽略德育,負面影響所及,恐是導致智慧型犯罪之原因,人人自我膨脹,對社會風紀之影響,其危害將難以言喻。

　　學習之目的在於仁心的覺醒,也在於明理以端正知見。子曰:「學而時習之,不亦說乎?」「溫故而知新」,又曰:「學而不思則罔,思而不學則殆。」其中所說之「說」,在於習有所得於心,溫故中自有所悟;而思與學之間的融會貫通,不思則無以自解,所學怎能明理,不明理何以修身?立身不穩,處世必艱難,所以人生諸苦叢集,足見「明理」之重要,「自覺、自律」之必要。

　　自悟自解不也是本書所談及之「無字之書」,不就是「不立文字」、「教外別傳」,也是孔子的「明傳

《詩》、《書》暗傳道」，都不離啟迪生命本然至善的美好光輝。

　　抽絲剝繭，若摸不著頭緒則治絲益棼，是故問渠哪得清如許，為有源頭活水來，教育之道亦如是。

　　道者理也，言行舉止之間，莫不有該遵行的道理。教育的意義在啟發初學者，不昧本心天良，循理而進。人生的成長過程中，如果缺乏自我約束，所有的思考點就只有自己而沒有他人，就會成為自私、傲慢。佛家說破除我執，孔子就直接說「推己及人」，就是將心比心，易地而處，以自己對每件事物的感受去體會他人的感受。

　　又《禮記‧大學》所說：「所惡於上，毋以使下；所惡於下，毋以事上。所惡於前，毋以先後；所惡於後，毋以從前。所惡於右，毋以交於左；所惡於左，毋以交於右，此之謂絜矩之道。」意即審己度人，以同理心替人設想，使人我之間的相處，和諧圓滿。

　　所以教育的重點，在於啟發良知之至善，在於培養正確的思維，以革除心中的私心私意，日新其德，日進其善，人生才有正確方向。學識好比技術與工具，沒有正確方向，好比開車，再好的技術，再好的車，方向錯了，開越快，離目標越遠。所以百年樹人之教育，首重「務本」。

　　聖賢的「德行教育」，有道有藝、有教有化、有倫常有日常、有聖學有專業，如此立身處世可頂天立地，如此

待人接物可謙恭有禮,如此行走人生則可決決大道。總之,有本之學,則可源遠流長。

讀經班的目的正是「務本之學」,自幼讓孩子在經典的薰習中,啟迪孩童的善心本性、啟發其本然之智慧。首先著重於「讀」,能琅琅上口,進而引用故事的講解,讓孩子了解書中的意思。

「經者,徑也」,有所依循之道。讀經班從《弟子規》、《孝經》、《論語》、《大學》等循序漸進的學習,由淺而深,由近而遠,終至內外皆圓滿。

從《弟子規》中學習從尋常家事,了解自己的本分,教導孩子進退應對的禮節,也有基本的識字能力,藉由兒童之讀經,也培養親子讀書風氣。同時邀請親人共同加入讀經,了解子女之學習狀況,並藉由日常生活中對於子女的引導,敦厚其品德,注重人際間之禮節,於身教境教中來啟發孩子的智慧。

以啟發良知良能至於至善,使子女培養出善良端正的人格。足知,讀經班之功能好比栽種一顆種子,經由灌溉培育,開花結果後長出無數種子,再度灌溉培育,開花結果。又有無數種子,如此美善之循環,將推己及人,帶來人我及社會的祥和。

目前發一崇德文教基金會於臺灣各城市鄉鎮,皆設有兒童讀經班,藉由孩子與父母、家人在四書五經學習中,能在家庭互動中,展現古聖先賢所揭櫫之善良自然本性,

就好像本書所強調者，家庭的「無字之書」，之於社會之影響是無遠弗屆的。

　　當一個人可以在家庭這個小社會裡，扮演好自己的角色，將來進入社會，必能成為個堂堂正正的人，在人世中投入一顆善良的種子，己立立人，己達達人，俾能化人心為良善，冀世界為大同；那麼「讀經教育」作為「立本之教」，開啟內在的寶藏世界，其意義亦莫大矣。

## 【推薦序】正心、正念、正見，讓「寶藏」解鎖！

翁繩玉／教育廣播電臺資深主持人、臺北市中山社區大學副校長、臺北市教育局聘任督學、臺北市中山區健康促進協會理事長

打開「寶藏」，生命的小美好，正在井然有序的發生著，因為，我們活在有倫理道德的社會環境裡，每一刻都精彩！

誠如本書作者王賜章先生說：「阿母的願望，期待子孫做一個有人格的人、做一個有路用的人。」

SDGs（Sustainable Development Goals）是聯合國在2015年提出的「2030永續發展目標」，此永續的概念，傳遞了生命中的重要訊息，那就是傳承與永續。這其中除了物質生活環境的永續關注外，更重要的是傳統文化精神與倫理道德價值的永續，和淨化心靈的豐盈與永恆。

本書強調的就是中華文化道統的永續推展，透過四維八德及五倫的教育，培育社會上每一個人都能成為有人格、有路用的人，在共生、共榮、共好的大胸懷之下，真實的推動與實踐德育文化的深耕與落實。

在大我與小我生命共同體的潮流概念下，CSR社會責任關鍵永續思維，正凝聚公眾的力量，成為時下熱門的話題。除了探討企業組織團體對社會作出貢獻外，更重要的是關注個人對於社會是否能做出服務與奉獻。

今本書作者王賜章里長長年投入社區里鄰的耕耘與開發，特別是推動正心與正念的社會風氣改造，打造正向能量的價值觀，正是一種對社會服務奉獻與貢獻的楷模展現。

中華文化自古以來以儒、釋、道仁愛寬厚精神，闡揚先賢們博大精深的「生命之真、生活之善、生存之美」。真善美正是我們一生追求的目標，而這一切在本書中淋漓盡致的告訴我們，哲理無需遠求，它就在我們的信仰與生活之中，只要你用「正心」、「正念」與「正見」，用心去體悟，必然能如沐春風般，透徹理解真善美的寓意與可貴。

本書作者王賜章里長是一位熱愛鄉里、深耕在地的仁智長者，全心致力於營造和諧、溫馨與友善的社會，積極型塑正念倫理道德觀，培養正確宗廟信仰觀，並經由節慶與民俗活動，鏈結眾生情感與行為，積極啟發至善的德育作為。而今更不吝於將豐富的人生經驗，「神遊」寺廟文化的所見所聞，以獨具慧眼的見解與思維，透過平易近人的文字，分享生命之所悟所感，傳遞文化、教化人心，其終其一生堅持不懈的動力，堅定的使命感，讓人感動與感佩！

## 【推薦序】珍貴的寶藏，人人可從讀經做起

**賈俊國**／布克文化總編輯

都說這個世代，紙本的書籍越來越難生存。當大家都習慣透過手機來看世界，人們擔心可能出版社跟書店都將逐漸被消滅。

實際上，這種擔憂的確是有所本的，但有些思維邏輯是必須調整的。從網路吸收雜七雜八的資訊，跟真正拿起一本書來閱讀學習，是不同的概念。

重點是在「學習」，各種形式只要有助於學習都是有必要的，紙本書終究有其難以取代的重要性。

談起學習，王賜章老師的這本書，提起的兩大學習主力媒介：亦即有字之書跟無字之書，非常的有意思。

當我們如今在討論書本（也就是有字之書）是否被取代時，回顧歷史（包括東、西方都一樣），書本的問世其實只占人類文明史很短的時間。而就算書本問世了，我們一般人認知的學校教育，也就是結合有字之書的教育，在古代，並且是在不那麼遠的古代，其實也只是很小眾的市場。

具體來說，直到清末以前有千年以上時間，透過有字

之書來學習的，應該只屬於社會菁英，有絕大部分人都是文盲。能認字的人有限，但在這樣的背景下，成千百萬的人們依然還是能受到教育，那就是本書所強調的「無字之書」教育。

作者非常難得的，在普遍商業化取向的社會，能夠發諸內心，推出這麼一本絕對跟商業無關的良心之作，並且探討的是一般人日常經常接觸，實際上卻早已忽略背後無字之書寓意的多重教化媒介：諸如大街小巷都看得到的宮廟、四季在各鄉鎮村里舉辦的不同民俗祭儀，乃至於人人耳熟能詳的春節、元宵等活動，其實都是一種無字之書教化。

當然，作者並不是想要讓大家反璞歸真，也沒有要大家完全放下書本，重新去跟民間信仰、民俗活動等學習。事實上，包括大家手上的這本書，就是一本有字之書，如同作者所說的，這是本「以有字之書證無字之書」的書。

但作者依然提出了一種藉由有字之書來找回德育的作法，這也是我非常認同的一件事：那就是讀經。

如同本書《德之失》章節提出的警訊，以及《德之行》章節提出的施行作法，作者發現到，東方固有的文化以及原本的德育教化，逐漸被西力東漸，以及各種排斥傳統（如校園不再有德育課本、宮廟被貼上迷信標籤……等等）所侵蝕甚至消滅，簡言之，如今的臺灣已經逐漸失去「古風」。

　　德育教化的無字之書媒介被貶低後，這社會充斥著「抑善揚惡」的思維，一代復一代的孩子，離我們傳統的德育精神越來越遠。這讓作者憂心忡忡，而他所提出的讀經，正是一個有效的解方。

　　讀經，一點也不難，所謂開卷有益，讀經也絕對有益。並且作者推薦的經典，都是屬於原本大家都該學習的經典：例如《孝經》、《論語》、《老莊》……，簡單可以說找回四書五經，但當然實際上範圍沒那麼狹隘，例如作者認為就算是《聖經》，也可以擷取一些德育的小篇章節，列入讀經內容。

　　而這樣的讀經，場域也不限，例如本書推薦的宮廟可以設立讀經班，但本書特別推薦的，則是在宮廟中設立讀經區，以及我們每個家家戶戶也都可以建立一個讀經專區，可能平時可以將桌椅收起來，不影響家中動線，到了念經時再來擺設。並且時間很彈性，每天念個十分鐘也是好的。

　　重點是希望讓大家普遍建立一個德育的習慣，讓孝道、讓生活中的禮儀、讓原本的東方德育精神再現。

　　我知道這件事任重而道遠，也非常感佩作者願意出版這樣的書籍，想要為淑世盡點力。這是一本很值得珍惜的書，我相信讀者在市面上不會看到有這類觀點的書。

　　開卷有益，讓我們開始這段尋寶之旅吧！

## 【自序】我的「神遊」文化之旅

在熱門的旅遊景點九份山城，最容易發現的建築物，不是五星級飯店，而是數座富麗堂皇的大廟宇。在宜蘭梅花湖遊湖的時候，不時可以聽到山上三清總道院傳來進香的鑼鼓聲和鞭炮聲，在春節期間，臺灣各地的宮廟總是人潮不斷。臺灣土地雖然不大，但是宮廟卻超過萬座，而且大部分的廟宇都富麗堂皇。

對於臺灣的廟宇，我和大多數人一樣，心裡有許多疑惑：

- 小時候老師說拜神是迷信，但是為什麼多數臺灣人每年都會到廟宇敬神求保佑？為什麼很多人將辛苦賺的錢拿去廟宇添油香？
- 神明真的會保佑信徒事業成功賺大錢嗎？每尊神明什麼理由以及什麼時候開始被人敬拜？
- 小時候主辦廟宇活動都是地方的耆老，為什麼如今卻少有高學歷的知識分子參與廟會活動？

為了解開心裡的疑惑，退休之後，我開始「神遊」臺灣各地以及大陸的宮廟，親臨其境希望心靈能夠和神明契合，以獲得一些啟示。

幾年下來，很幸運的因為許多因緣果報，讓我驚奇發現臺灣的「寺廟文化」，其優點真是無與倫比，為了和相

同疑惑的朋友分享「神遊」心得，因此將親身的體會整理成冊以利參考。

對於臺灣的民俗文化，從學習如何辦理活動開始，到深入探討廟宇、神明、廟會活動的意義，過程中得到許多人的幫助，才得以成書和大眾分享。

首先要感恩家人，小時候每年春節，裹腳的祖母都會帶我走五公里的路程，到內湖的碧山巖敬神祈福，讓我體會到什麼叫做虔誠。

母親常常帶我去廟宇參拜，祈求平安健康、功課好，也隨時提醒舉頭三尺有神明，善有善報、惡有惡報，不是不報，只是時候未到，做壞事以後會下十八層地獄接受處罰。拜神之外，也帶我去當黃石公的「契子」，祈求我像黃石公一樣的堅強，母親以此民間信仰為素材，教導我為人處世的基本原則，在潛移默化中養成我的人格特質。

先祖王團圓公自 1756 年來臺，一直到我已經成年的 1980 年左右，大部分的宗親還居住在現今東湖的五份地區，因此雖然歷經 200 多年，我還有機會見識到宗親互動及民俗活動的原始方式。由於父親熱心參與宗親間的互動和在地的民俗活動，因此我從小就耳熟能詳略知一二。

1990 年擔任里長時，必須負責主辦里內土地公聖誕、媽祖遶境、三界公慶典等民俗活動，在地的耆老們都會熱心的傳承經驗，協助我圓滿完成任務，這段時間，我親身體驗到什麼是神威顯赫。

當我起心動念準備整理民間信仰的意義之後，計畫先「神遊」兩岸民間信仰的主要宮廟，身歷其境探索文物以豐富思維。

這段期間，感謝太太高碧娥陪我到湄洲媽祖廟、廈門仙岳山土地公廟、福建東山島關帝廟、寧波彌勒佛菩薩的雪竇寺、四川遂寧觀世音菩薩的廣德寺，還去金門后盤山來臺先祖的故居，造訪福建福州和泉州「開閩王王審知」研究會和閩王祠、泉州開元寺，臺灣各地數十座知名宮廟，並且同去太太的學生林志遠喇嘛學習佛學。

感謝文字工作者蔡明憲先生，幫忙完成全書的文稿，大女兒王維如提供民間信仰的書籍參考和全書校對，前教育部長吳清基先生為本書寫序，還有眾多社會賢達幫忙推薦。

## 【導讀】發聲振瞶的良心之聲
## 王賜章的寶藏，帶你找回曾有的寶藏

蔡明憲/媒體記者暨文字工作者


　　首先我要表達十二萬分的感謝，也非常榮幸可以跟王賜章先生學習。

　　認識王賜章先生，是因為地緣關係，他是我們東湖地區的在地名人，年輕時候創業有成，並且也長期深耕整個內湖地區，曾擔任東湖里里長多年，非常具有名望頗獲尊敬，套句本書的一個觀念比擬：王賜章先生就像是這裡的「土地公」，造福鄉里、以德服人，時時刻刻都在關心鄉親的福祉。

### 東湖土地公王賜章其人其事

　　我自己身為資深的內湖人，也看見王賜章先生帶給地方的重要貢獻，他不僅僅擁有睿智遠見，總是能「看事看重點、觀察觀全面」，是地方最重要的意見領袖，並且他是不折不扣的行動派，不只「坐而言」，更是「起而行」。多年來他親身參與並打造長遠影響力的建樹，多到不可勝數。

　　這裡就不談從前，光以 2017 年後的近五年，他所建

立的功績，就有口皆碑。舉其中一件不僅名聞在地，事實
上已經全國皆知的大事：那就是由王賜章先生領軍，帶動
的內溝溪復育事業，經過幾年的努力付出，已經卓然有
成。現在人們都已經知道：在臺北有個不輸日本目黑川的
櫻花祭遊河景點，那就是東湖賞夜櫻。

　　說是賞夜櫻，其實當然日夜都可以看到美麗的櫻花，
只是特別強調夜櫻凸顯這裡的更多樣：不分晨昏都可以賞
花。如今東湖賞櫻已經被正式列為臺北年度重要節慶，也
是海外人士認識臺北的一個知名代表地標。

　　重點是，賞櫻不是一個單純表面華麗的活動設計，而
是背後有一套整體且深入的規畫，真正美麗的根源，不是
花花草草，而是從源頭做起，做到爭取改善鯉魚洄游產卵
的魚道以及產卵的環境，乃至於重建已經消失的鯉魚溯溪
產卵盛況，說起來那簡直是奇蹟，就好比將已經滅絕的恐
龍重新找回來那般的神奇。

　　這背後有多少的運籌帷幄？必須做多少的溝通整合？
不誇張地說，為了整條溪的美麗健康，王賜章先生踏破不
知多少雙鞋，親自走踏整條流域，拜訪會見了數百人，並
以他的人格魅力帶起全地區人們齊心的投入，像是引入櫻
花，也絕非去買幾顆種子撒在河邊就可以成事。

　　這中間有多少的實驗、失敗又重來，水土不服再做新
的嘗試，經過鍥而不捨的多少寒暑，最終他成功了：復育
了河川，也美麗了臺北。

　　談起帶來深遠影響力，這裡一定還要介紹王賜章先生另一件造福後代子孫的傳奇：王賜章先生 1990 年擔任東湖里長，由於當時臺北市垃圾收集方式造成全市夜間有如垃圾城，為了徹底解決這個令人困擾的問題，在里內自行推動垃圾不落地。事成之後，臺北市環保局參考其經驗全市推廣，徹底改善市容景觀和環境衛生，臺北市的垃圾收集方式成為上海世博會臺北館的展覽主題，王賜章先生可以說是臺灣垃圾不落地的鼻祖。

　　必須說，王賜章先生的人生本就可以是一本勵志故事。但如同他做人做事的風格，他不愛彰顯自己，他寧願把心力投入在助人，因此他沒有出版傳記，反倒他寫了這本對整個社會可以做到發聾振聵的好書。如同讀者諸君可以從前面敘述看到，王賜章先生是一個如此做事用心認真的人，他也用這般的用心，成就這本書。

　　身為有這榮幸跟隨他學習的內湖人，如今我又蒙他不棄嫌，要我為他的書做介紹，因此我先真誠地講述我對王賜章先生為人的敬仰，接著我要簡單闡述我對這本書的心得。

## 如何閱讀本書？

　　對許多民眾，特別是年輕人，在還沒翻開這本書前，第一個想法可能會認為，這是一本什麼冒險傳奇小說之類的書，等知道內容主題是有關德育，心中又會想到「教

條」、「訓話」乃至於「封建八股」之類的，總之就是長
輩在訓話的概念。

如果因為這樣想而忽略了這本書，那真的非常可惜，
結合本書書名來比喻，那就等同是「過寶山而不入」。

不過某個角度來說，這本書的確也不是很容易懂的
書，雖然王賜章先生已經設法用深入淺出的方式來闡述，
但說真的這本書攸關的是千年的中華文化發展源頭，並且
要能夠既講述臺灣社會的變遷，又能以宏觀角度做東西方
對比，並且還要將數十年來人們習以為常的觀念導正，那
真的不是件容易的工程。

所以就算沒有「過寶山而不入」，也擔心人們會「入
寶山卻空出而歸」。畢竟，所謂寶藏，也不是那麼容易取
得，這是本讀者必須靜下心來，用心去感悟作者王賜章先
生理念的書。

以下，我也盡量用深入淺出的導覽方式，和讀者們分
享閱讀這本書的重點。

## 以無字之書證有字之書

本書的內容牽涉深遠，也無法透過三言兩語就簡單介
紹。但如果說是否可以僅以一個關鍵觀念讓讀者更加明白
呢？那麼就是這句話：「以無字之書證有字之書」。

再進一步說，無字之書證有字之書，「證」的是什麼
呢？證的就是你我從小至今，所受到的心靈及人格教育。

　　各位回想自己的求學過程，那些德育觀念怎樣養成的？是透過書本的多？還是透過其他方式？諸如幼兒園時候，老師告訴你吃飯前要洗手手，不要搶小朋友的玩具，要跟其他小朋友和睦相處。

　　那是什麼方式？其實對特別是學齡前孩童來說，大家都還不太識字，孩子們主要學習的方式就是透過「無字之書」。但更長大些後，孩童可以看得懂文字了，就可以看到書上介紹的孝順啦！友愛啦！等故事，還有學園中到處貼的教人做人處事的文宣標語，這時候才進入「有字之書」的時代。

　　然而，如果只是這麼淺顯易懂的道理，簡單講就是身教言教，那也不需要特別出這本書來介紹了。本書所談的無字之書，遠遠超越言教身教的境界，並且在文化意涵上跨越兩三千年，談論的是明明你我每天都可看見，卻已然忘記的無字之書。這些無字之書，也就是本書要帶領讀者「找回來」的寶藏。

　　無字之書證有字之書，證的就是這樣的道理：讓心靈教化人格養的功效與有字之書並駕齊驅，受益的範圍是全面性，受益的人是一輩子！

　　對本書的讀者來說，有一個必須要突破的觀念，那就是我們從出生以來就習以為常的事，也就是「透過文字認識世界」，包括如今所謂三年級、四年級生，也就是民國三、四〇年代（西元 1940、50 年代）以後出生的人，其

實都已經是處在有字之書的時代。

但其實再往前追溯，大約日據時代，那時的社會有很高比例的文盲，更別說再更往前年代，「識字」這件事可能就已經代表社會上極少數的菁英，例如中國歷朝歷代，真正的知識分子非常少，可能不到總人口的百分之一。在那樣的時代裡，並且這時期可是長達一、兩千年以上喔！「無字之書」才是常態呢！在從前大部分時候並不是「透過文字認識世界」。

那也好比我們說千禧年以後出生的年輕人，各個都是「透過手機螢幕認識世界」，那又是另一種時代變遷的概念了。

回歸我們主題，為何說是「用無字之書證有字之書」呢？這裡我們就要提一句《孟子》講過的話：「盡信書不如無書。」這是現代人的通病，也就是我們全部都被文字所局限了，但文字卻不一定是正確的。經常是強勢文化會主導文字。

舉兩個最典型的例子，事實上也是本書在談「德之失」時有提到的兩個現象：第一個就是強勢西方文化凌壓東方文化，導致現代人都服膺西方理念，不僅瘋迷好萊塢文化，實際上我們現代的日常生活，絕大多數都受到西方影響，舉凡小家庭、民主、示威抗議，以及近些年呼喊的同婚議題等等，大家都以為這是「時勢」，卻不知曉我們被西方用強勢文化牽著我們鼻子走。

　　第二個是媒體主導輿論、輿論主導生活。想想我們現在自以為豐富的知識，真的都是「正確」的嗎？到底哪些是真理？哪些其實是有人刻意主導媒體發散的訊息？身為平凡百姓的我們真的都知道嗎？

　　媒體時代的悲哀，也正是有字時代以來的悲哀，那就是媒體帶動社會改變，並且是不好的改變，那是因為媒體喜歡腥羶色以及「惟恐天下不亂」的主題，長久以來媒體就是「抑善揚惡」的平臺，這對如今社會的動亂以及人心不安有很大的影響。

　　這些媒體也變成摧毀東方文化的工具，就如同在本書重點闡述到的德育重要角色——宮廟，就是被汙名化很嚴重，也是導致原本扮演重要香火傳承角色的宮廟失質失能失靈的主因。

　　無字之書，不是王賜章先生的發明，但將無字之書做為貫穿東方文化（中華文化）脈絡，卻是他的獨創。所謂的無字之書，在本書有專篇闡述，在這裡我們簡單說，就如字面意思般，無字之書就是「不需要透過文字」來傳遞知識觀念文化的方法，包括所謂言教身教，以及人們逐漸忘記，但曾經是最重要的無字之書：宮廟、神明、民間信仰，民俗活動等等。那些是從前時候「最主力」的德育教育媒介。

　　理論上，有字跟無字可以並存，並且應該可以相輔相成的，可惜如同前述因為各種強勢外來文化以及負面媒體

文化影響，如今原本的無字之書被汙名化，人們已經忘記了無字之書的價值，而只一昧遵從有字之書的內容。好書講的內容自然可以學習，但如果是錯誤內容也照章學習（例如媒體報導的社會負面新聞），那就不好了。

王賜章先生投入數年心力，研究及整理出本書，目的之一是找回曾有的無字之書價值，也希望因此可以改善社會風氣。以無字證有字，就好比你現在讀這本書，這當然是有字之書，但書中提到的德育：忠、孝、仁、愛、禮、智、信等等，文字就只是文字，背熟文字不代表你真的就可以執行德育，所以要以「無字證有字」，也就是「如何在生活中具體落實」？這也是王賜章先生撰寫本書的用心所在。

## 讓我們深入內裡看事情

以架構來說，本書有個明確的架構，並且從頭到尾都遵循著一套可以周而復始的理念，就像中國傳統道家的太極圖，本書提出根源、提出鏈結、提到斷鏈，也提到如何復興的建議。並且書中用的字句絕不艱深，舉的例子都是你我耳熟能詳的，例如觀世音、媽祖、土地公，例如搶孤、炸寒單、中元祭等等。

而除了這樣架構外，閱讀本書讀者要抓住的一個重點，也是全書前言，王賜章先生就已經透過圖形闡述的邏輯，亦即看事情不要只看表面，要深入內裡：

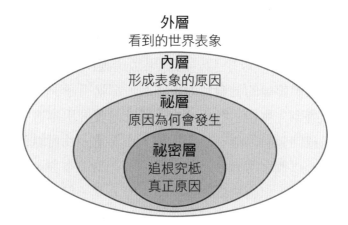

如果看懂這個圖，就可以抓住全書關鍵。甚至可以成為一種生活中的練習。舉例來說，在從前你看土地公是什麼呢？就是個宮廟神祇吧！若要細問，人們可能都把思緒往宗教層面去想，去考究土地公是佛教還道教？其傳說根源是什麼？

但王賜章先生指引我們，當我們看待無字之書，所謂無字，就是不拘泥於文字，既然土地公本身就是一種德育教化，祂就是無字之書，那這本「書」要告訴我們什麼呢？這就是透過外層、內層、祕層、祕密層看事情的方法。

再好比說，中元節是什麼？你可能可以從 Google 上查到許多的文字「知識」，或背後有什麼典故。但再次地，我們要回到無字之書的角度，就假想你回到千百年前，那個大家識字不多的年代，中元節代表的涵義是什麼

呢？這時候你就會發現：原來背後有感恩、有祭祀神靈，也有與自己對話，鼓勵自己重新振作的意涵。

對現代人來說，反而被文字框架框住，過節就變成一種行禮如儀卻不明其意的活動，甚至只是種觀光樂趣。那就失去原本東方文化的傳承深意。

其他像是各種民間信仰、民俗活動，為何有這些活動？有沒有去深究背後的教化意義？好比搶孤，為何中元節要搶孤？只是一種熱鬧節慶嗎？當然不是，本書會引領讀者重新去思考東方文化的智慧。

整體來說，王賜章撰述的這本書，想要指引我們重新看待世界的方法，但也不一定要有個標準答案。當有字之書總是要人們背誦、記憶然後考試時候必須填寫正確答案，無字之書重視的卻是真正的體悟。

當有了體悟，就可以舉一反三，就好比以土地公廟來說，土地公以及土地公廟各代表什麼？並沒有標準答案，因為無字之書是要引領生活，而不是要教你怎麼考試？所以書中也有提到「不同的神明有相同的寓意，相同的神明卻有不同的寓意」。

就以土地公廟來說，單單東湖地區的幾間較大型的土地公廟，其形成的背後原因以及寓意就不同。而放大格局來看整個臺灣，像是不同縣市有王爺出巡、媽祖遶境等等，也許主神不同，但都同樣帶來保境安民寓意。

所以無字之書是寬廣的，本書重點也是要帶起讀者一

起思考，而非制式的去背誦知識。重點就是要培養深入內裡精神，看到一件事情，知道這都是外層現象，必須往內裡去尋找內層、祕層、祕密層。那過程就好像挖寶一樣。

當我們懂得重新看這個世界，重新知道怎樣去看待身邊四周的宮廟、神明與民間信仰、民俗活動。那就是找到寶藏的開始。

總體來看，王賜章先生苦口婆心地要提醒世人的，就是找回無字之書的價值，其實無字之書範圍可以更廣，王賜章先生在本書則帶領讀者比較聚焦在由中華文化衍生，最終落實在你我身邊的民間信仰、民俗活動。

並且也要強調，市面上可能有很多跟民間信仰、民俗活動相關的書，那些學者也都是學有專精的碩博士等等，王賜章先生本身不是碩博士，但他卻是親身經歷並且投入幾十年的歲月去歷練去觀察去重新找尋這些生活中的智慧。

王賜章先生成長於當時位在臺北邊陲的東湖地區，那裡當年還是原始的農村景象，尚未進入所謂現代文明的大量滲入，也因此他是親身成長在那個「無字之書」還很有影響力的年代，那些民間信仰、民俗活動，都是王賜章自己經歷過，也見證到從五、六十年前的活動舉辦方式到如今的變遷，此外，他也長年透過耆老的教導，從根本處認識各種民間信仰以及民俗活動背後的道理。

所以本書這樣透過自身經歷孕育出來的作品，絕對跟

一般學者純由爬梳文獻考察，編撰出的民間信仰探源等著作有所不同。

本書討論發人深省的課題，其中有著大家習以為常從不去深思的日常生活經驗，一旦我們懂得省思，就可以帶來生活的改變。最終目標，王賜章先生是希望人們找回曾有的德育價值，也能帶來社會風氣正向的轉變。

這是一本用心良苦的書，也許不是一般讀者熟悉的話題，但卻真的跟你我息息相關。願你可以翻開本書也真正認知這世界充滿寶藏，包含自己也可以是個寶藏。

# 目次

## 第一篇 德之知──追尋真善美根源的藏寶圖

### 第一章 德育的核心

### 第二章 德育的內涵

## 【前言】讓我們一起來尋寶

　　歡迎讀者一起踏上尋寶的旅程，讓我們打開視野，以過往不曾採用的角度，重新看身邊周遭的世界。

　　為何本書名為「寶藏」？因為那是和你我如何安身立命相關，也和子孫綿延長遠福祉相關的重要大事。

　　關於尋寶，這裡分成兩部分來說明：

### 本書的尋寶理路：看透表象，追求內裡真相

　　本書帶領讀者，重新找回寶貴的文化珍寶，基礎思維模型，如剝洋蔥，探詢表象後面的真理。

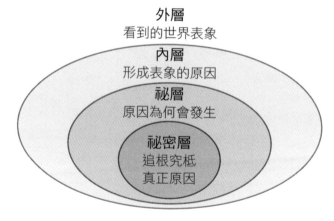

圖 1-1 基本寶藏探尋圖

　　例如臺灣被稱為「最美的風景是人」，屢屢創造經濟奇蹟，但卻也有種種少子化、老人安養及單親家庭的問題。這些現象的背後，到底有什麼傳承以及怎樣的發展脈絡？大街小巷隨處可見的宮廟，以及你我從小就熟悉的神明和祭祀文化，難道就只是一種燒香拜佛屬於宗教性質的活動嗎？但有沒有人注意到，民俗活動背後千百年的歷史以及對社會的影響關係？

　　本書帶您探尋根源。

## 本書的架構：層層相依重新詮釋德育

　　全書的架構，以「德育」為討論主題，並以時間軸來做鋪陳。其中第一篇做為德育的基本認識，第二篇至第四篇，則是從過去探討到未來。

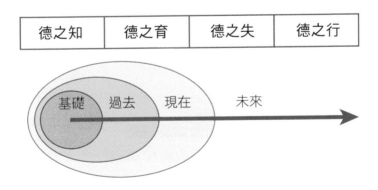

圖 1-2 本書闡述架構圖

本書的內容，基本的架構分成以下四大篇章：

1. **德之知**：本書的第一篇和第二篇，分別談論德育的基本定義，以及臺灣德育的淵源，是屬於德之知的範圍。第一篇聚焦德之知，第二篇將德之知繼續拓延，擴展到德之育。

2. **德之育**：本書提出一個過往少有人提出的德育詮釋角度，不僅包含個人修身養性的根源，也包括由己身到家國，也就是所謂「修身、齊家、治國、平天下」這樣宏觀的德育。

3. **德之失**：德育發展到今天的樣貌，有優點也有缺點，優點就是「臺灣最美的風景是人」，缺點則是西力東漸後許多被扭曲的現象：例如少子化、青少年迷失等等。本書第三篇，聚焦關懷臺灣文化現代化後在德育層面遭受到的危機。

4. **德之行**：最終，我們不僅僅希望了解臺灣德育之美，建構一套理論，也具體提出一個可以長治久安的建言。

## 寶藏的重點：無字之書的傳遞及鏈結

當我們閱讀本書，同時也會接觸到許多大家習以為常，甚至每天都會接觸到的好比家中的祖先牌位、巷口的宮廟、還有一年四季氤氳繚繞的香火氣息，那樣的熟悉，那樣的與自己切身相關的主題。

但本書探討重點不是 What（有哪些民俗活動），也不是 How（怎麼進行那些儀式），而是 Why（為何有這些民間信仰？這些民俗活動？）

本書要探究的重點是事件與事件間的「環節」以及「因果」，而非事件的本身。在本書，我們將這個環節稱為「無字之書」（亦即相對於學院教育的有字之書）。

在正式進入本書前，我們先以前面說的邏輯，將重要的無字之書，簡單的列出從表象到內裡真正蘊含這中間的鏈結，細節部分將在本書一一闡述：

| | 思維 | 個人 | 民俗 | 群體 |
|---|---|---|---|---|
| 外層 | 治國平天下 | 有路用的人 | 民俗活動 | 世界大同 |
| 內層 | 齊家 | 成功之道 | 習俗養成 | 族群融合 |
| 祕層 | 修身 | 德育養成 | 建立人格 | 相同價值觀 |
| 祕密層 | 誠意正心 | 民間信仰 | 心靈淨化 | 有教養的個人 |

表 1-1 本書探尋無字之書架構圖

我們可以看到，層層相連的關聯性，本書我們要講述的是這個「關聯」，也就是那個箭頭，而非細究每個格子裡的主題。為了方便讀者閱讀及理解，在章節安排上，盡量以「一次講一個主題」為架構基準，針對各項細節，保留探討空間，也讓讀者有機會可以舉一反三，歡迎有興趣的讀者可以深入研究。那麼，就讓我們一起來尋寶。

# 第一篇

## 德之知

### 追尋真善美根源的藏寶圖

在本篇,我們將引領讀者,一起來關懷非常切身的問題,也就是「此時此刻」,你在這世上生存生活以及立德立功立業的根本問題。包含:

1. 你安身立命的這個社會,過往是如何?現在是如何?未來又會如何?

2. 這樣的社會是如何形成?例如,為何臺灣被稱為「最美的風景是人」?

3. 既然社會是由眾多的「個人」所組成,所以,追根究柢,我們依然要探討的是,我們每個個人是如何被「教養」,成為這樣社會的一分子?

# 第一章 德育的核心

## 本章重點

東西方文化的根源不同，衍生出的道德價值觀也就不同，先確認自己文化立足點，來推動道德教育才能事半功倍。

　　這世上的事情，沒有絕對的是非對錯，但看適用的時間場合，不同的文化背景，可以接受的做人處事價值標準就有不同。如果沒有搞清自身文化的本質，就糾結於「別人可以這樣，我們為何不能這樣」，許多的紛紛擾擾於焉孳生。處在今日世上，我們所看見諸多的抗議與爭端，背後都或多或少有著「時空不分」的文化誤植錯亂。

　　《論語》有言：「名不正，則言不順；言不順，則事不成。」今天我們談寶藏，第一步就要先正本清源。

## 找出自己的時間軸

　　今天你站在東方的土地上，過著東方的生活，請先認清自己的東方踏足點。

　　所謂東方的「公認價值」，是可以禁得起時間跟空間考驗的，不是任何權威說了算，當然也不是本書作者單方面的自我認定。

　　禁得起時間考驗，就是幾千年來代代相傳，屬於這塊土地上人們可以遵循的標準。禁得起空間考驗，則是只要隸屬於這塊土地，不論是皇親貴族或販夫走卒，具皆認同的。包含人們所熟悉的四書五經、倫理道德，你要說是八股也好，是傳統守舊也好，但就是這套標準孕育出我們東方文化、中華文化，以及本書所要闡述的臺灣文化。

　　就是植基於這樣的時間軸：屬於東方從幾千年甚至上萬年前，由黃河平原發展衍生至今的價值觀。

　　這是我們的文化基礎，是我們不該捨棄的寶藏。

## 認清自己的標準

　　如果身為成人，我們今天去參加跑步，裁判卻以學生比賽的標準來評判；或者身為女子參加舉重，卻被依男性的標準評分，這樣的比賽有意義嗎？

　　若我們看待比賽是如此，更何況是我們整個生活呢？但長期以來，我們卻都依照西方的文化標準，來定義自己的日常生活。

　　到底什麼是自己的標準？在東方，其實千百年來，可以皇帝祭天的內容做為一個標準。因為文化總要有一個代表人，古時候是皇帝，現代是總統，所謂文化就是不論怎樣改朝換代，人民都願意遵循的，不會說昨天尊崇孝道，明天鄙棄孝道。而做為代表人的皇帝，透過宣示來認同這套文化標準。

　　所以中國古時候皇帝登泰山祭天，且皇帝禮敬孔子，尊崇儒家思想，這是東方的文化標準認同。就好比西方的領袖就職時，會手按《聖經》做宣誓，這是西方的文化標準認同。請先確認自己所在的位置，然後，讓我們開始來談寶藏。

## 1-1 東西方文化的區別

如今社會的許多亂象，背後的原因，就是太多人站在「西方價值」的標準評判事情，卻忘了自己生活在「東方價值」的文化土地上。

這裡我們不細部闡述東西方內容，但我們可以抓住東西方文化根本大方向上的不同。以千年文化呈現來說，東方強調的是家族，以此延伸出的倫理道德，追求的是和諧的世界。這跟西方植基於個人，喜歡冒險拓展新世界的概念，並不相同。所以鄭和下西洋，但沒有去征服世界；歐洲一堆面積小小國家，後來卻武力殖民各大洲。無論如何，我們不強調東方好或西方好，重點在於不要將自己的文化跟他國的文化混淆。

可以簡單區隔東西方文化如下圖，依照由內而外層層檢視的模式：

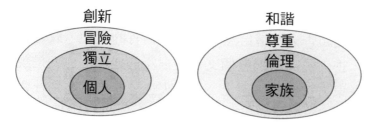

圖 1-3 東西方德育對比

|  | 西方 | 東方 |
|---|---|---|
| 祕密層 | · 重視個人，強調自力更生<br>· 非常重視個人的隱私、主張權利 | · 以家族為出發點的鏈結<br>· 非常重視輩分，主張倫理 |
| 祕層 | · 衍生成英雄主義<br>· 重要特色：獨立，各類利己的抗爭 | · 衍生出倫常關係的規範<br>· 重要特色：孝道，各類婚喪喜慶儀節 |
| 內層 | · 優勢特質：冒險犯難<br>· 社會型態：強調競爭、拓展 | · 優勢特質：尊重互助<br>· 社會型態：宗族凝聚 |
| 外層 | · 社會優點：科技發展、地球探索<br>· 社會缺點：鬥爭對立，毒品氾濫 | · 社會優點：禮儀之邦、以和為貴<br>· 社會缺點：科技落後、迂腐守舊 |

表 1-2 東西方文化區別

　　這裡我們也要舉出一個可以區別東西方不同的重要標準，那就是香火。

　　提起香火，這自然不是東方獨有的產物，只是在東方，香火的寓意跟整個文化有很深的連結。也就是說，站在東方家庭的價值上，這香火也是連接家庭到社會的關鍵。相對來說，在西方雖然也有香火，但是因為西方重

視的是個人價值，香火純粹就是指「血脈」。當東方以香火傳承來拓展整個和諧社會，西方香火則強調是否自己血脈「純正」，這攸關自己是否是皇族，以及可否擁有財產……等等。

當然，東方的香火也是跟遺產以及家族名望有關，但其形塑的格局，和西方個人依歸屬性大不相同。

東西方沒有絕對的好或不好，東西方只是「不同」，也並非不能調整，例如東方吸納西方的科技以及比賽制度，西方吸納東方的心靈素養和養生術，但東西方各保有本來主體。

總結來說，我們可以兼容並蓄，卻不應該連自己的根都不要，一昧想追求其他文化。

## 1-2 何謂道德

　　植基於不同文化，衍生出來不同的做人做事標準，人間因為有了這樣的標準，你我在日常生活中，才知道如何與這個社會互動，也因此才有了文明。

　　包含法律、信仰及各式各樣的規定，這些都是「標準」，重點在於標準的「範圍」，就好比甲公司的出缺勤規定不適用在乙公司，基督教的戒律不適用在非基督教徒，美國的刑罰規定也不適用在臺灣，是一樣的道理。

　　若以更大的範圍來規範屬於某個群體的人，那就是道德。所謂的道德，**做人做事的言行規範就是道德**。而闡述及教育傳承這個道德的，就是德育。

　　關於道德，東方有一個詞用得好，叫做「規矩」。在日常生活中，你應該做什麼，這是教條，但該怎麼做，這就是規矩。例如你應該孝順父母，應該尊重長輩，該怎麼做，就會有方法。所謂「無規矩，難以成方圓」，就是這個意思。

　　而這些規矩，不是任何單一個人或團體可以規畫制定的，以東方來說，這是植基於中原文明經歷數千年，逐漸累積的做人處事智慧，然後融入庶民生活，特別是以家為單位的道德觀。因此很明顯的，道德一定有個生長的土

壞，這也就是為什麼西方人不會了解東方人拿香拜拜時，那種跟天地間的連結，也難以了解東方人的報應觀。

追根究柢，道德就是東西方文化不同的前提下，各自發展出來的做人處世方針。在東方原本認為「不道德」的行為，如今東方受到西方影響，也來探討這樣問題，這裡不評判這件事情的對與錯，重點在於探討事情前，要知道東方文化原本的道德觀，考慮到東方原本的孝道觀、香火觀、家庭觀，而不要以為西方月亮就比較圓。

我們要尋求的寶藏，也是屬於我們東方本來就有，但卻受西方影響逐漸被破壞消失的德育觀。

|  | 東方文化 | 西方文化 |
|---|---|---|
| 核心 | 家族：個人對家族有責任 | 個人：家族對個人有責任 |
| 價值 | 倫理：講究規矩倫常 | 獨立：追求自由 |
| 個人呈現 | 尊重：重視經驗傳承，尊敬長者 | 冒險：喜歡挑戰極限否定前輩 |
| 文化呈現 | 和諧：強調共享資源 | 創新：追求新紀錄 |
| 領導人 | 選賢：禪讓、世襲、科舉 | 爭奪：競爭、比賽、選舉 |
| 科學發展 | 日出而作、日入而息的安逸生活 | 不斷的突破再突破 |

表 1-3 東西方文化價值以及對科學發展影響

## 1-3 德育的四大核心

　　站在了解東西方德育不同的基本認知，這時候我們就可以來專注於找回東方的德育，這裡我們談德育四大核心，也就是東方德育的四大核心。如下圖：

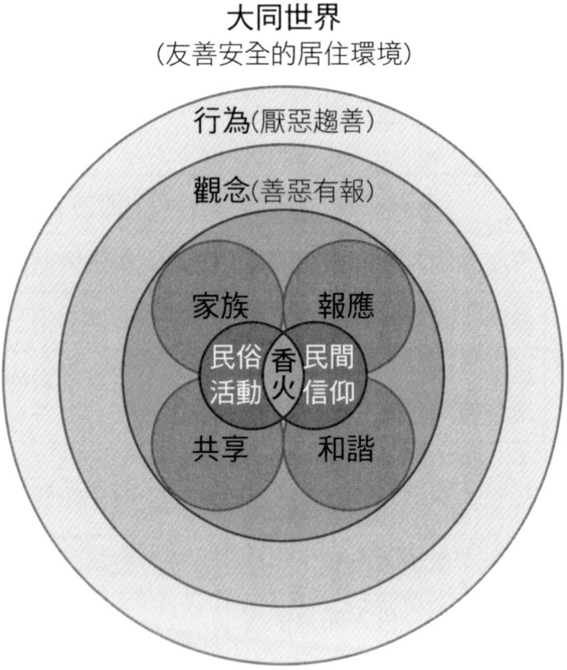

**大同世界**
(友善安全的居住環境)

圖 1-4 東方德育基本架構圖

從祕密層到外層的思維邏輯看這個圖,東方德育植基於堅實的核心,才能呈現出外在的種種形貌(諸如臺灣最美的風景是人)。

核心四大堅實內裡,也是和西方德育模式不同的內裡,分別是家族、共享、報應(觀)以及和諧這四大核心基石,而做為將這四大核心基石連結在一起的最重要「黏著劑」,也是第二篇主力闡述的重點:民間信仰、民俗活動以及核心中的核心,也就是香火。

這裡分別介紹四大基石。

## 德育基石 1:家族

雖然東西方都有「家族」的概念,但做為東方的基礎,這個「家」的意義卻非常深遠。東方的家族,指的成員不僅僅是尚「在世」的,例如從爺爺、奶奶到子孫,並且也包括「列祖列宗」。不僅是直系血親,也包含旁系,諸如叔、伯、甥、姪等,經常是形成一整個家族的概念,甚至包含整個宗族。

東方的德育,基礎的做人做事規範,所謂倫理就是由「家族」為基礎誕生的。例如輩分、族譜、祭祀禮法、堂號,都是東方家族的特色,植基於其上的東方倫理觀,也絕對和西方不同。

### 德育基石 2：共享

　　和西方個人主義非常不同的，東方道德觀一開始就是以家族為基礎的共享，並以此衍生到更高的社群，乃至於社會國家。如下表：

| 對象 | 共享核心 | 舉例 |
|------|---------|------|
| 個人 vs 個人 | 心靈資源 | 有不同意見可以溝通，包容不同想法建立共識想法。 |
| 家人 vs 家人 | 家庭資源 | 大家一起做家事，不分你我讓這個家更好。 |
| 家族 vs 家族 | 人力資源 | 農忙時各家互相支援，到了現代則是鄰里互助。 |
| 族群 vs 族群 | 地方資源 | 漳泉械鬥時代爭取水與土地資源造成紛爭，後來合作就帶來地方繁榮。 |
| 國家 vs 國家 | 地球資源 | 大自然資源是人類共有的，要共同珍惜守護。爭奪帶來戰爭，共享帶來和平。 |

表 1-4 東方道德觀共享核心

　　東方德育的四個基石，彼此都互有關連，例如家族就跟共享互有關聯，共享又直接關係到下一個基石：和諧。

## 德育基石 3：和諧

東方的德育價值核心是和諧，西方也有其和諧的標準，只是東西方的和諧定義不相同，因為植基於不同文化發展背景。以東方來說，在中國古代的歷朝皇帝，都自稱自己只是「天子」，也就是天的孩子，「天」永遠是最大的。皇帝藉由祭天以及祭孔，傳遞給千萬子民的一個宣示：就是建構於尊重儒道佛的德育觀。

和諧是有層次的，《孟子》有云：「親親而仁民，仁民而愛物。」這是一層接一層的概念，由個人→家庭→家族→社會→國家，直言之，如果個人沒有做好德育修為（無法孝敬長輩、友愛兄弟），這樣家庭也不會和諧。而家庭又是社會國家最重要的基石，每個環節都重視，最終才是整體社會大和諧。

整體來看，和諧講究的，就是從基本的家庭和諧、鄰里和諧、宗族和諧到最終的國家社會和諧，也站在和諧的思維上，希望與其他國家和諧。所以同樣是出海遠征，鄭和下西洋時代的航海科技比西方進步，卻不會因此去征服殖民，而是去做招撫。

## 德育基石 4：報應（觀）

提起報應，這其實是一個綜合的概念。或許有人認為「報應」應該是來自佛教的觀念，其實，中華文化博大精神，但千百年來傳承的智慧那麼多，特別是德育的傳

承，該如何匯聚成一個更明確的、婦孺皆曉的「庶民版德育」？在第三章我們會專章介紹德育的傳承。

但這裡我們簡單說，「報應」就是庶民版的民間德育教化，在從前百姓有很大比例是文盲的情況下，四維八德等德誼必須靠潛移默化，但最快、最直接打動人心的，就是報應觀。

不論是因果報（善有善報，惡有惡報）或是現世報（人在做，天在看），都不需要複雜的教條，任何百姓一聽就懂，從小到大深入人心。

報應觀背後正是庶民德育的三大媒介：**佛、儒、道**，這部分我們下一段會重點闡述。

# 1-4 東方文化的釋、儒、道

　　提起東方文化的哲學理念以及信仰價值觀，一定就要提到釋、儒、道，對比的就是提到西方文化，也有不同的宗教或思想派系。

　　但在東方，釋、儒、道雖然有宗教的主要背景，卻早以透過非宗教化的形式，變成人民的一種生活意涵。

- **釋**：三者中最晚出現，但依然影響深遠，主要被稱為佛教。
- **儒**：就是儒家，也被稱為儒教。
- **道**：就是道家，也發展出道教。

　　在東方文化，釋、儒、道對應著三生，依照境界分也就是：生命、生活、生存。另外也對應著身、心、靈，依照影響的順序，下面我們從生存談到生命。

## 生存之道對應的一個大智慧：就是「道」

　　什麼是道？道，即宇宙運行、自然變化的法則。

1. **效法自然**：不要違背大自然的韻律，按四季規律耕種，也按日夜規律作息，這樣才能帶來健康。
2. **陰陽調和**：男女彼此尊重相處，世界就會和諧；

做事不偏不倚，過與不及都要避免，做事就會順，基本道理就是追求中道。

3. 順應世理：「道」雖生長萬物，卻是無目的、無意識的，它「生而不有，為而不恃，長而不宰」，即不把萬物據為己有，人類應該效法道的精神，不貪求不屬於自己的東西，社會也就會和平。

總歸起來看，生存之道追求的就是「中」，不偏不倚，追求自然，不兇兇鬥狠、不暴飲暴食、不縱欲逸樂，凡事適可而止，就是「中」。

生存的關鍵，不論是重視安全或注意養生，都跟「身」有密切相關。

## 生活之道對應的一個大智慧，就是「儒」

什麼是儒？這是一種生活的教育模式，簡單講，就是「做個有用的人」。

東方傳承千年的智慧，不因時代變遷而改變，例如：「學而不思則罔，思而不學則殆」、「士不可以不弘毅，任重而道遠」等，這些都是基本「做人做事」的道理，對現代人來說都一樣很重要。

總歸起來看，生活之道追求的就是「和」，包括家和，孝順父母、尊敬長輩、長幼有序，所以家和萬事興；也包括入社會後的和，也就是政通人和，以和為貴，自然

就會官運亨通，賺錢取之有道，生活順遂、心滿意足，過著好生活。

　　生活的關鍵，不論是如何對人或如何對事，所植基的禮節與心態，都跟「心」有密切相關。

## 生命之道對應的一個大智慧，就是「佛」

　　什麼是佛？「世間萬物皆空，唯其空，便能包容萬物。」佛，是覺悟的意思。人生在世為何會有恐懼？因為長期執迷於貪、嗔、痴，怕失去於是恐懼。簡單講，就是因為有欲望，我們才恐懼，所以佛說「放下一切立地成佛」，所謂放下，就是放下欲望。

　　總歸起來看，生命之道追求的就是「空」。我們本就兩手空空的來，未來也會兩手空空的離開世界。在空與空之間，如何覺悟生命的智慧，如何讓心境放空、不計較、不受困於名利，達到這樣境界的人，生命會有喜樂。

　　生命的關鍵，已經超然單純的關懷身體與心境，而進階到對生命意義徹悟相關的智慧，這跟「靈」有密切相關。總括來說，以上的釋、儒、道，引領人們學習最重要三堂課：

　　生存之道；生活安全，身體健康，延年益壽。
　　生活之道；做人成功，事業順利，衣食無缺。
　　生命之道；免於恐懼，免於憂慮，平安喜樂。

　　三生是每個人這輩子的大課題，然而「生存」、「生活」、「生命」是一回事，「生存之道」、「生活之道」、「生命之道」又是另一回事。

　　好比任何一個人，無論石器時代的人類或是現代人類都一樣，每天都要「生活」，但如何擁有「生活之道」，卻是文明表徵的呈現，這也正是本書後面談德育寶藏的重點。

　　簡單來說，「道」就是匯聚古往今來的「生存智慧」，形成「生存之道」，這個智慧的重點是善惡有報（你害別人，你自己也難以生存），逐漸形成一種報應觀。

　　「儒」就是累積歸納歷世歷代的「生活智慧」，形成「生活之道」，這個智慧的重點是平等尊重（人與人有規矩儀節才能過好生活），逐漸形成一種倫理觀。

　　「釋」就是融貫先賢智者體悟的「生命智慧」，形成「生命之道」，這個智慧的重點是放下因果（終會體悟世間一切皆空），逐漸形成一種輪迴觀。

　　若分別將生存、生活、生命的幸福標準，對應東方文化古老境界，正就是釋、儒、道，而萬教歸一、殊途同歸，最終的境界就是和諧，其綜合示意圖如下：

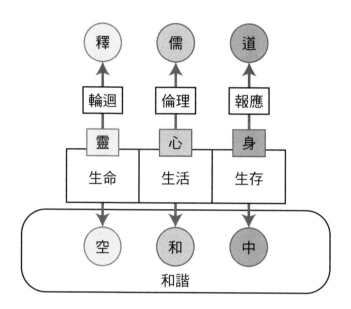

圖 1-5 東方文化基本思想架構圖

# 第二章 德育的內涵

## 本章重點

東方的德育，如何規範人們做人做事的道理？本章探討開啟東方寶藏的兩把金鑰匙，以及東方德育的主架構。

　　東西方文化不同，德育的價值觀更是根本性的不同。

　　本書我們將德育聚焦在最重要的兩大主綱：德育的內涵以及德育的傳承。其中第一篇談的是基本觀念，後面三篇則談到這些內涵及傳承的過去（根本）、現在（危機）與未來（具體落實方案）。

　　首先，我們先建立一個基礎觀點，當我們講述一個牽涉到千年以上的文化內涵以及傳承，代表什麼意思呢？其意就是指從最初原始人類時代（也就是文化尚未建立時代），是如何形塑後來的做人做事規範，換個說法，也就是文明是怎樣來的。

　　試想，在石器時代之前，可能在半猿半人時代，那時候的人，也就是我們的祖先，最重視什麼事？我相信他們最重視的三件事，那三件事跟現代人重視的都一樣。不論東西方，也不論亞、歐、非，人類自古以來最重視的三件事就是：

生存：如何活下來？

生活：如何過日子？

生命：如何看自己？

也就是前一章提過的三生，以此為基本認知，讓我們開始來認識東方德育的內涵。

## 2-1 德育內涵怎樣誕生？

德育內涵，當然不是一朝一夕誕生，也不是十年、五十年誕生，而是一個長期累積的過程，實際上，這個過程還在繼續中。也就是說，德育內涵不是一成不變，但德育內涵當然也不能夠被「整個換掉」。

德育內涵的累積過程就好比蓋房子，先有地基，然後透過歷朝歷代逐步加蓋，而每一代針對過往的架構，也可能修改（例如現代版的東方德育，會加入一些西方的元素）。

從古到今，我們習以為常的那些做人做事的標準是怎麼來的？例如為何要孝順父母？為何要有倫理道德？這些都不是一開始就有的，而是逐步建構的內涵。

重點包含四大流程：**整合、維繫、深化與傳遞**。

### 文化整合：建立德育標準

文明發展是先由小部落組成大族群，不同族群結合成一個勢力，藉由勢力與勢力合併，變成政治組織，最終形塑漢、唐等朝代，發展出華夏文明。

這中間的過程，一定會經過德育整合，典型的例子像是春秋戰國時代，各國風俗不同（例如各地婚喪習俗以及

對家族倫理基本觀念都不同），那個時代有所謂的諸子百家，但最終到秦朝統一天下，訂立了一個整合標準。

其中關乎做人做事規範的整合，至今都還在進行中。

## 文化維繫：建立德育信仰

人類文明發展史上，一定有人扮演重要的整合暨維繫角色，那個人不一定是帝王或族長，也可能是思想界的領袖。一個有名的例子就是孔子，他是儒家的至聖先師，但他是所有德行的創建者嗎？並不是，孔子只是個「集大成」者，他不僅統合在他以前的聖人德行，並且歸納出一套可以讓後世執行的做人做事標準，也就是儒家版本的德育，其他像是道教、佛教也是如此。

## 文化深化：建立德育基石

如果只是單單整合維繫出一個做人做事的標準，那還是不夠穩固，必須要真正深入可以活用，也就是形成跟生活、生存、生命相關的三套做人做事準則。準則確立了，人民就有了德育內涵。

## 文化傳遞：建立德育傳承

所謂德育，是放諸四海皆準（這裡的四海指的是東方標準的四海），包含空間也包含時間，所以德育不只攸關當世人，還要讓子子孫孫也遵守。

　　傳承就是教育，生存、生活、生命之道經過整合、維繫、深化之後，透過文字、身教、言教教化百姓，達到代代相傳的目標，這有賴傳承。要如何傳承呢？這就是下一節的重點。

　　基本上，德育孕育的四個流程，形成一個生生不息的循環，我們可以稱之為文明引擎。這對東西方都一樣，西方如今的德育也一樣經歷過整合、維繫、深化與傳承四大步驟，只不過其發展的德育內涵跟東方完全不一樣，但都是攸關人們「做人做事」的準則。

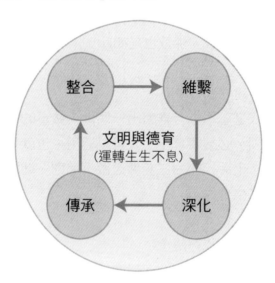

圖 2-1 德育的孕育流程：文明引擎示意圖

## 2-2 東方的德育內涵主體：釋、儒、道

　　如果問一個人每天的做人做事背後植基於什麼？那是一個很大的課題，要條條陳列（小自為何跟長輩講話要有禮貌，大至人生在世該留下怎樣典範？），不可能條列清楚，也不可能讓人人都能熟記。儘管如此，大家卻依然可以服膺於一個標準。那是因為東方的德育，數千年來已經被融會貫通（也就是前一節介紹的整合、維繫、深化與傳承），彙整為釋、儒、道這三大主體。

　　在東方，不論是臺灣或中國，釋、儒、道已經是民間日常的一部分。

　　這裡可以請教讀者，請問當你看到釋迦牟尼，當你看到觀音佛祖，你心裡的感動（請跳脫純宗教觀點）跟一千年前宋朝的祖宗以及兩千年前漢朝的祖宗，是否一樣？兩千年前看佛是佛，現在看佛也是佛，相信就算一千年、兩千年後的未來，也一樣看佛是佛。

　　同理，兩千年前孔子的學問，以及道家的學問，也都是共通的。今天爺爺牽著孫子的手，來到一間宮廟（包含寺院廟宇及孔廟），可以跟孫子分享的禮、義、仁、智、孝，跟一、兩千年的老祖宗牽著孫子的手，所要表達的德育寓意，是一模一樣的。

### 真正認識佛、法、僧

　　這裡我們從文化載體的角度來看待德育，現代人往往太侷限於釋、儒、道的宗教面，而忘了釋、儒、道的文化載體義涵。

　　釋、儒、道各自對應著「生命、生活、生存」這三生，然而不論有沒有釋、儒、道，任何人原本就有三生，重點是透過釋、儒、道找到「生命之道」、「生活之道」、「生存之道」。

　　釋、儒、道不但是重要傳承載體，其基本傳承方法也是共通的。就以釋（佛教）來看，以人們可以琅琅上口的所謂「三寶」：佛、法、僧來說，這三寶雖是佛教用語，其實儒教、道教也都有，其德育傳承的道理是一樣的。

　　如下表：

| 三寶<br>三大文化載體 | 佛<br>德育本尊至理 | 法<br>德育執行之法 | 僧<br>德育護持之人 |
|---|---|---|---|
| 佛教（釋） | 以生命領悟為主的人生真諦 | 佛教經典以及佛教典故 | 僧尼及禮佛者 |
| 儒教（儒） | 以生活和諧為主的人生指引 | 儒家經典：孔孟哲學及典籍 | 儒師及教育者 |
| 道教（道） | 以生存安泰為主的人生智慧 | 道教經典：《老子》等書 | 道士及修行者 |

如同我們若有貴重物品，可能會將其存放在銀行保險箱，那麼歷史傳承的無價之寶，即珍貴的德育寶藏，也是被保護著的，正好是透過佛、法、僧的形式：

## 1. 佛

包含場域及象徵（以佛教來說是佛寺，以道教來說是道觀，以及儒教來說是師塾），儘管改朝換代，舊的建築可能崩頹，但其典型永遠存在，佛寺、道觀、師塾都可以重新再蓋，每次興建也必然把德育的符號置入。

就好比現在在臺灣到處都看得到的宮廟，跟中國某個偏鄉的宮廟，不同地區、彼此互不認識的人，依然可以蓋出一樣德育教化意義的宮廟。

## 2. 法

不論是佛、道、儒哪一個載體的典籍及語言，都已超越紙本的藩籬，可以代代相傳。好比《論語》，好比《老莊》，好比《地藏經》、《心經》，典籍本身可能老舊腐朽了，任何年代都可以重新印製，而就算是識字不多的老嫗或童稚，也一樣可以接受「學而時習之，不亦說乎？」、「人法地，地法天，天法道，道法自然」以及「照見五蘊皆空，度一切苦厄」的智慧。

### 3. 僧

　　廣義來說，任何協助傳承的人，包含我們的歷代祖宗，以及生活中指引過我們的長輩、老師都是「僧」；而若以狹義來看，千百年來，也都有真正深研教理的出家人、修行人、經典撰述者，守護廟堂，守護德育智慧。

　　也就是這樣透過佛、法、僧這三寶，儒、釋、道各自整合、維繫、深化與傳承出三生之道。

- 整合

　　三寶系統裡，以釋為例，僧在佛寺裡整理經典，歷代整合出生命之道，釋、儒、道都是同樣道理。

- 維繫

　　不只整合並且要維繫住，這裡有個很重要的觀念，維繫不只是讓好的智慧得以宣揚，實際上也是將壞的東西封印住，不讓人們去接觸。

　　可以做一個比喻，那就好比潘朵拉的盒子，當釋、儒、道整合出人們行事的做人標準，同時也規範出「不宜做」的事，這中間透過佛、法、僧體系，會有一套 SOP，若有人違反，就好像放出潘朵拉的盒子，會讓世間充滿禍害。

- 深化

　　當整合歸納匯整出智慧，維繫則收納規範出標準，這樣成為三生之道後，就要加強深化，這是世世代代都要做的事，因此從歷朝歷代到今天，都有專門的僧眾（和尚、道士或學者），將深化當成一生志業，終身投入。

- 傳承

　　最終就是要將正確的三生之道傳承下去。

　　總結來說，儒、道、佛就是東方文化生命之道、生活之道、生存之道三大「**德育文化載體**」，以各自的佛、法、僧系統，將千萬年以來的文化加以整合，並精煉出一個可以發散給廣大民眾的德育標準。

## 2-3 德育如何建立成為一個架構：
## 東方德育的兩把金鑰

這裡我們要問兩個大問題：

1. 既然是攸關千百年來東方德育，也就是無數做人做事的標準，那麼這個標準怎麼建立的？

2. 當東方文明發展的大部分時候，庶民有絕大部分是文盲，如何將深奧的德育傳入民間，並且代代相傳成為標準？

解答就是：**兩把金鑰**。必須說明的是，西方文明也必然有他們的金鑰，這裡我們只談東方文明的金鑰。

兩把金鑰各自解答上述的一個問題，在說明金鑰前，先來做整個東方文明德育的一個總整合。

### 金鑰以及其存在的意義
### 第一把金鑰：維繫的釋、儒、道

德育的標準怎麼建立的？例如怎樣知道做人要懂孝道？怎樣知道敬天法祖的概念？這不會是一般庶民老百姓摸索的，而一定是有個長期的詮釋機制。第一把金鑰其實就是開啟文明引擎，亦即整合、維繫、深化、傳承的鑰匙。

| 佛家（釋） | 生命研究院：生命的德育整理 |
|---|---|
| 儒家（儒） | 生活研究院：生活的德育整理 |
| 道家（道） | 生存研究院：生存的德育整理 |

　　時時刻刻文明引擎都在運作中，就算經歷過改朝換代或戰亂都一樣。基本上，釋、儒、道的德育內涵透過金鑰打開，一直在人間傳播。

　　而若有人想要更深入這個研究領域，就會更深入，好比說國學教授、和尚、道士，就是屬於這類更精研釋、儒、道的人。

## 第二把金鑰：傳承香火

　　從前我們談起民間，會說「民智未開」。其實這是各大文明都一樣的狀況，在文明發展千萬年的歷史中，教育普及是近代大約一百年內的事，絕大部分時間，黎民百姓都需要被教化的，也就是說，做人做事的方法，必須由一群較有智慧的人（古代稱之為先知、學者、貴族或者大師），由他們逐步推廣到民間。

　　推廣的方式並不是像現代人一般，從幼齡要到學校念書，古時候教育很不普及，真正推廣的方式，就是透過這第二把金鑰。這把開啟德育寶藏的密碼，叫做「香火」。

　　透過薪火相傳的方式，終於讓廣大民間都感染到德育的氛圍。何謂香火？後面我們繼續來論述。

## 2-4 德育代代相傳的關鍵：香火

　　德育如何流傳到民間？第二把金鑰帶來的薪火傳承，正是東方德育在民間生根的原因。

　　其中兩大分流，一個是家庭，一個是宮廟。前者就是以家庭為成長基地，孕育每個人的德育；後者則是家庭以外的廣大社會，當一個人在家庭以外地方，仍繼續可以被傳承德育，這二者正好構成德育內涵的時間軸與空間軸。

### 香火傳承 1：家族與三世（時間軸）

　　所謂三世，是時間軸的概念。以自己為中心，朝向過去的軸線，我們看到有歷代的先祖。朝向未來的軸線，我們看到的則是子子孫孫。

　　三世的傳承，也就是世世代代的傳承，建構出了族譜觀念，祖先不只是死去的先人，而是永遠存續的老師。傳承的方法，像是身教與言教，以及融入家族的種種儀典，後來轉化成家族的各種祭儀典禮。

　　薪火相傳因此要有個代表圖騰，有家廟、祖訓，後人對先人要永遠致敬，家家戶戶也會擺放先人牌位。總之，透過這套香火體系，保證第二把金鑰可以透過家族，從古傳到今，也傳到未來。

### 香火傳承 2：社會與三生（空間軸）

　　所謂三生，是空間軸的概念。也就是任何時間點裡，「整個文明圈所有人」共同在意的三件事：生命、生活、生存。

　　如果說在各自家庭傳承的是祖先牌位，那麼整體社會傳承的也是祖先牌位，但這裡指的是大家共通尊敬的祖先，也就是德行深厚、足為後世典範的人，他們的德儀可以存續於後世，做為德育的學習。這也就是後來衍生為神明體系，結合宮廟的民間德育教化，後來更衍生出民間習俗與民俗活動。

　　以此來看，香火也就構成了德育內涵一個穩固的，含括時間與空間的德育架構，如下頁圖，這個由時間軸與空間軸合組的三生三世德育架構，就是本書基本的德育寶藏架構。

　　而其中將貫穿本書的兩大關鍵名詞，也就是第二把金鑰傳承的兩個香火體系：家庭與宮廟。而更具體來說，就是影響你我深遠的民間信仰以及民俗活動。

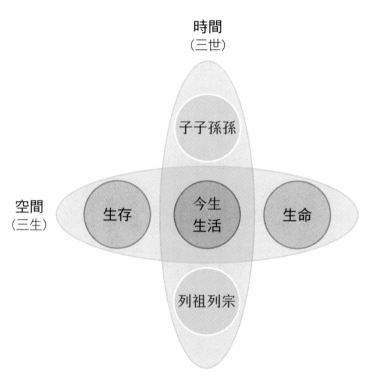

圖 2-2 三生三世示意圖

## 2-5 德育代代相傳的雙軸心： 相輔相成的兩個香火體系

　　薪火相傳，是東方德育一個很明顯的意象。

　　如同前節所述，在第二把金鑰中，時間軸與空間軸組合起來就是三生三世，家族的薪火相傳，跟社會（主要是宮廟）的薪火相傳，合起來就是一個完整的東方德育架構。特別要強調的是，這兩個香火體系彼此相輔相成：

　　家庭香火：消弭社會負面問題於無形。
　　宮廟香火：消弭個人負面因子於無形。

　　香火不僅僅是德育價值傳承，也是一道傳承千年的篩子，把正確的價值傳下來，負面的因子就封藏起來，就好比封藏一個潘朵拉盒子。

### 家族香火的功能

　　都說薪火相傳，到底「傳」的是什麼呢？傳的是自祖先以來，代代相傳的生命、生活、生存智慧，傳的也是一種人們在世上安身立命的內心安穩，因為香火，人覺得不孤立。家族香火因為有香火延續的心理作用，以及每日上

香與祖先對話，也等於心理上繼續和祖先連結。再藉由祖先祭祀時全家族的聚合，產生了不可思議的無形功能。其相應可以消弭社會負面問題於無形，列述如下：

1. **不婚的問題**：因為香火傳承使命，原本東方就不會有不婚問題。

2. **少子化問題**：當香火傳承是代代相傳重任，自然代代養育子女，此外，跟經濟問題也有關，原本東方家族體系可以有助於子女教養，不像到了現在，小家庭制後，每個家庭是孤立的，於是就有養不起子女的問題，因而導致少子化。

3. **不生的問題**：在家族體系裡，為了延續香火，不會有這樣的選項，女子自然而然想生育。

4. **離婚率高的問題**：婚姻是成家的關鍵（這點後面會敘述），如果離婚就斷了這個關聯，在東方原本社會是不太存在刻意離婚的。

5. **單親家庭問題**：同理，不離婚也就不太有單親家庭問題，並且就算夫妻一方有人病逝或打仗沒回來，背後也有家族力量照顧。

6. **幼兒照顧問題**：在東方香火體系，三代同堂，代代都有照護，幼兒也都被照顧，並且不僅是一、兩人照顧，而是整個家族照顧。

7. **老人陪伴問題**：在香火傳承的家族體系，不僅多代同堂且家族團聚，老人不會寂寞。

8. **國家生產力問題**：香火傳承成年就結婚生子，也帶來年輕力壯的人口比例高，國家不缺人力，年輕人也都被家族管教，較少不事生產的浪蕩子。

9. **年輕人買房問題**：這在古代根本不是問題，年輕人二十歲就準備成家，那個家就是在家族裡面，不像現代人要獨立去自己買房。

10. **低收入戶增加問題**：低收入源自於孤立缺乏資源，在古代家族體系，群體相互照應，不需國家社福單位，就能照養家族每個人。

11. **治安的問題**：有家族長輩管束，年輕人比較不會胡作非為。此外，治安問題很大一部分跟性犯罪有關，特別是現代人可能生理成熟了，卻沒能成家，無法發洩的男性就有部分投入犯罪。但在古代社會有家族協助成家，就比較沒這問題。

12. **失業率高的問題**：在薪火相傳的家族，會有充沛人脈，協助找工作，並且當一個人失業，於家中聚餐也會因為怕丟臉，更積極找工作。而不像現代人，可能花很多時間沮喪宅在家無所事事。

13. **精神障礙問題**：很多精神問題源自於孤立無援，有壓力時得不到安慰，在薪火相傳的家族體系，本身也是一個照護帶來安心的體系，家人較少精神壓力問題。

14. **孝道式微問題**：在原本薪火相傳的家族體系，孝道是理所當然的，在家族中自然而然從小就懂得孝順父母。相對來說，現代小家庭社會，孩子跟父母及長輩長久沒住一起，雖然學校教育教導孝道，但已漸漸淪為一種形式，畢竟，不在一起就比較不親，也少了真誠的孝。

15. **人才外流問題**：家族本身是一個很大的凝聚力，不像現代社會許多人「失根」了，會越跑越遠。當有凝聚力，就算出國留學，也會選擇畢業後歸國服務。

## 宮廟香火的功能

　　相對於家庭香火跟個人有密切的連結，到了社會，更多人與人間的相處，背後的連結就是宮廟的香火。

　　宮廟香火在心理層面上帶來很大的影響，諸如舉頭三尺有神明、報應觀、宮廟莊嚴的氛圍、神明的聖誕、法會與廟會、上香祈福對人們心理的影響，最終都為社會帶來不可思議的教化功能，消弭個人負面因子於無形：

1. **心靈指引**：當人感到空虛時，藉由上香可帶來信心，並且在宮廟裡對著神明說話，讓自己耳清目明，在工作或生活中了解自己的作為。東方自古以來的宮廟體系，就有讓庶民自我對話反省自己的作用，而宮廟都是教導人行忠孝節義之事。

2. **療傷止痛**：宮廟及神明體系以及許多法會儀式，可以帶來療傷止痛的效果。

3. **感恩習慣**：透過經常面對宮廟香火，人的感恩心得到薰陶，經常對上天感恩，也懂得對人感恩。

4. **肅穆心靈**：宮廟香火氤氳環境是很神聖的，人們在宮廟會感到心靈的寧靜，也會端正思想，去除不正的惡念。

5. **警世叮嚀**：當看到牛頭馬面以及千里眼、順風耳的意象，想為惡的人就有所收斂。

6. **虔誠氛圍**：當許多的民眾共同投入香火祭祀中，整體的氛圍是和諧正向的。

7. **趨善厭惡**：自古以來，宮廟體系展現的都是善的價值，表彰忠孝仁義等等，屏除惡習、卸除任何惡行惡念。

8. **明辨是非**：什麼叫是非？要有個標準，特別是對年少的人來說，自小接觸的宮廟，就已經呈現出什麼是「是」（例如 72 孝），什麼是「非」（例如做壞事下地獄）。

9. **人格養成**：從小的宮廟養成，與大人藉由宮廟場合給予孩童的教育，正是一個人人格養成歷程。

10. **情緒管理**：各種信念以及觀念的養成，包含勇氣、自信以及各種正向心態，都是宮廟環境可以育成的。

11. **報應觀**：善有善報、惡有惡報，這樣的觀念深植內心，影響日後社會的和諧，這也都是植基於宮廟環境。

12. **療傷止痛**：當生活中碰到挫折或做了後悔的事，宮廟是一個療傷止痛的場域。

13. **心存感恩**：當我們在宮廟對著神明講話，我們感恩上天賜予我們的一切，也學習總是心存感恩。

14. **分享共榮**：宮廟是一個凝聚地方共識，帶來地方和諧的場域，大家建立分享共榮的環境。

# 2-6 代代相傳的重大意義

不同的德育內涵，孕育出不同的德育傳承，在東方，香火非常的重要，這不僅僅是種代代相傳的聯繫，事實上，對從前大部分人來說，香火甚至是「一生中最重要的使命」。

就算到現在，老一輩的人依然會念茲在茲想著，家族要有人可以「延續香火」，因此所謂的孝順，往往不是單指什麼拿錢給老爸、老媽那樣的事，最大的孝順就是讓他們能「抱孫」。

特別是對老人來說，知道有孫子可以為自己送終，人生就終於可以鬆一口氣，真正這一生已心滿意足。至今民間依然有著捧斗儀式，也是指的是「香火」意涵，意思就是家中有晚輩可以來捧神主牌位。

如果香火傳承有問題，長輩就會心慌，可能透過不同方式，例如去認一個養子，或者在親族取得過繼。至於只有生女未生男的家庭，則可能透過招贅方式，重點都是要能做到「香火」傳承。

以個人為德育核心的西方，獨立就是去外頭闖蕩，開創事業；以家庭為德育核心的東方，獨立就是要成家立業，傳承香火。

　　所以「成家」就是已經成立、獨立的意思，代表你除了是爸媽的孩子，你自己也要擁有自己的家庭。但這個「成家」，東方自古以來，每個家背後都有家族的力量協助，變成一種代代相傳、多代同堂共同護持的現象。

## 成家的模式

　　由於東方是以家庭為核心，所以自古以來，孩子成家經常就是父母透過媒妁之言，並且不論娶媳婦或新嫁娘，都有一定的儀節。意思是，兩個家庭的結合是一件大事，而非新郎新娘自己個人的事。

## 成家的意義

　　在東方由於重視香火，成家其實就是薪火相傳的意思，也就是必須藉由一代代的成家，才能啟動第二把金鑰。這跟西方的成家意義不一樣，在東方，所謂「不孝有三，無後為大」，成家就是要傳宗接代。所以西方很多觀念，例如同性婚姻，是不符東方德育標準的。

## 成家的機制

　　自古以來，東方自有一套香火傳承機制，包含「男大當婚，女大當嫁」，這背後男子滿幾歲算成年、女子滿幾歲可以嫁為人婦、嫁入新家後該如何遵從「三從四德」、怎樣是正確的婆媳關係、平常節慶時候該怎樣配合習俗、

女方什麼日子該回娘家……等，都有規範。

而時間上，男女成家的年紀也剛好是生理成熟，心裡想要找伴，有生理需求卻又不知如何是好的年紀。正好長輩就來牽線，讓性成熟的男女自然的結為夫妻，成家傳宗接代。

## 成家的美德

由前述可知，在東方德育裡，成家非常重要，甚至關係著文明的存續，因此不可等閒視之。也因為這套東方德育，我們可以看到從前東方人少有離婚糾紛，也沒有現代人所煩惱的不婚、少子化這類問題。

在東方，一對夫妻是從結婚才開始認識，感情由零逐步成長，由陌生變愛侶，相依相伴，攜手一生。在西方，一對戀人相愛時彼此感情達到高點，反倒是結婚時，最高點已過，雙方感情逐步下滑，甚至來到冰點。

這就是東方與西方婚姻觀的不同，背後關鍵就是東方植基於家庭，西方植基於個人。

而家庭也是把金鑰代表的兩種香火傳承，三生三世完美結合的關鍵。

關於日常生活中一個家庭的三生三世如何結合，我們可以以下面這個簡單的祭拜內容為範例，這是某個宗族之長對著祖先牌位說的話：

「不肖弟子 XXX，在此與列祖列宗問安，請列祖列宗，保佑我們闔家平安、在外打拚的事業順暢、修習學業的成績進步。保佑我們闔家老少身體健康，家業風調雨順。」

這短短的幾句話祭禱詞中，就包含了：

1. 三生
   * 生存：追求平安健康，於是祈求闔家平安、身體健康。
   * 生活：追求事業順暢，於是祈求事業順暢，學業成績進步。
   * 生命：追求風調雨順，於是關心大自然和生命的意義。

2. 三世
   前世：祖先。
   今世：自己。
   後世：子孫。

如果沒有植基於從列祖列宗到子子孫孫一脈相傳的人生觀，就根本不會有拜拜的儀式。

這就是東方德育的內涵。總結本章，德育及文明發展示意圖如下：

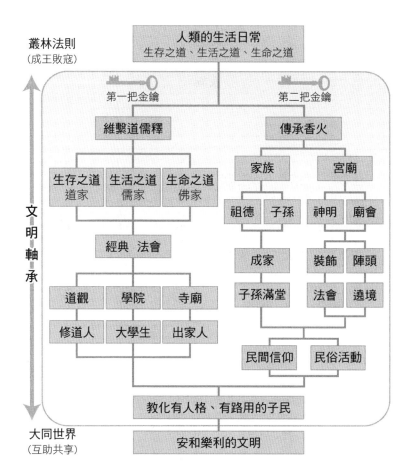

圖 2-3 文明與德育教化圖

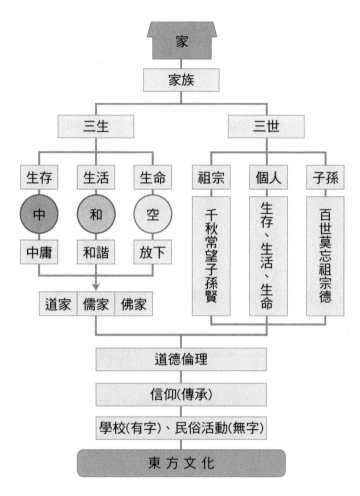

圖 2-4 德育傳承及內涵圖

# 第三章 **德育的傳承**

**本章重點**

人們心靈得到教化，係透過有字之書和無字之書兩項工具，交互運作而達成。所謂無字之書就是年節的習俗、婚喪喜慶的禮俗以及宮廟文化的風俗等。

　　現代知識普及，人們都忘了，其實在東方文化幾千年的歷史中，大部分時候教育並不那麼普及，包括臺灣從清朝時期漢人開墾起算，也是沒有好的教育環境。因此，若僅站在現在教育普及的角度看德育傳承，無法一探真正全貌。

　　德育傳承可以分成兩部分：無字之書以及有字之書。追溯我們人格的養成，是來自於從小到大受的教育。一般認知，教育就是從幼兒園到研究所等階段的學校教育，但這其實單單只是指「有字之書」，早在我們接觸課本、甚至早在還未識字前，教育就已開始，並且直到現在都還在進行著的，所指的也就是「無字之書」。

　　以影響力說，有字之書是現在知識傳遞的主要媒介，相對來說，無字之書其實影響得更長遠，代表心靈改造及人格養成，例如成語「孟母三遷」背後的寓意，指的是環

境影響，環境影響也是一種無字之書。

可以整合有字之書跟無字之書傳承，對照如下表：

| 方式 ＼ 工具 | 有字之書 | 無字之書 |
|---|---|---|
| 途徑 | 學校 | 宮廟 |
| 師者 | 老師 | 香爐 |
| 工具 | 書本 | 信仰習俗 |
| 學習 | 心智 | 靈性 |

# 3-1 無字之書與人格養成

　　每個人不論出身貧富貴賤，從出生起就會接觸到以下三大無字之書：

## 1. 言教

　　自孩子呱呱墜地那一刻起，他的學習典範就是父母以及背後的家族，而且小時候聽聞的道理，將會根深蒂固影響一生。

## 2. 身教

　　綜合身教與言教，就是家族長輩的言行舉止。我們做人做事的第一個參考，就是來自這樣的學習，先是來自家族，再來是身邊周遭的親友。

## 3. 生活教育

　　從我們更懂事可以說話的年紀，深深影響我們的就是生活教育。其中經常被忽視但其實影響深遠的，就是在地文化習慣，其中具體可區分為民間信仰以及民俗活動。

　　這些在地文化習慣影響我們甚鉅，試想若沒有春節，家族關係可以如此緊密嗎？若家族生疏，許多德育諸如宗

族倫常、生活禮儀也就生疏，這樣的生活教育下，人們會變得如何？

　　數千年來，所有人的生活樣貌，都有賴「無字之書」做薰陶，並且代代相傳下去。而無字之書的內容，特別是「生活教育」這本無字之書，內容的主軸是什麼？

　　一般有字之書傳述的是知識與教條，相對來說，無字之書傳承的是「**知識的落實**」與「**教條背後的規矩**」，也就是心靈與人格。

　　老祖宗的智慧讓無字之書可以帶來德育落實，我們必須振興無字之書，找回「無字之書」的寶藏。

## 3-2 無字之書傳承的教育媒介

在歷史上，大部分時候中國的教育並不普及，甚至有很高比例的文盲。一方面德育內涵如此深奧，牽涉到儒、道、佛以及三生三世，一方面德育的受眾大部分又只能透過無字之書來學習，這該如何是好呢？

所以我們說寶藏，因為那的確是一種老祖宗千百年來的傳承，以及加以改良的珍貴智慧，我們來比較有字之書跟無字之書的教育媒介：

| 項目<br>傳承<br>類型 | 媒介 | 教育法 | 檢驗方式 | 後續效力 |
|---|---|---|---|---|
| 有字之書 | 書本、傳媒、老師 | 腦袋記憶 | 考試、測驗 | 不複習就忘記 |
| 無字之書 | 生活學習 | 融入生活 | 生活實做 | 融入成為生活一部分 |

上表所謂的生活學習包含多樣，但關於德育，本書寶藏要帶領讀者認識的，正是平常被忽略、實際上影響深遠的民間信仰以及民俗活動。具體說明在下一篇會闡述，但這裡要強調的，無字之書的教育邏輯，相對於「有

字之書」從腦袋灌輸，「無字之書」卻是將學習種子深植內心。

　　被灌輸的知識，很容易忘記，或者就算記住，也只是死知識不能活用，但「深植內心」帶來的，卻可以一生伴隨。

　　如同下圖：

圖 3-1 無字之書傳承架構

## 3-3 無字之書的傳承：
## 民間信仰、民俗活動與文化傳承

　　前一章我們介紹過，在兩把金鑰中扮演民間傳承的重要關鍵因素是香火，這裡以無字之書的媒介來說，其落實的兩大模式，就是民間信仰以及民俗活動。

　　香火傳承分成兩大體系，一個是家族的香火代代相傳，另一個就是社會的無字之書德育傳承。

　　傳承什麼呢？德育包括四書五經，以及各種融入儒、佛、道智慧的做人做事道理等等，傳承的內容是經過數千年維繫深化整合的德育。

　　這裡我們以中央來比喻，假如我們將中央比喻為教育部，並且制定了德育課本，那麼廣大的民間就好比是學生，學生要怎麼吸收知識呢？首先要有老師。以無字之書德育的角度來看，老師有很多個，事實上「每個人」都是老師，這裡也就結合三世的概念：

　　對你來說，父母親是你的老師；對父母親來說，祖父母是他們的老師，而教育的平臺是**民間信仰**；到了社會，所有人都可以是我們的老師，教育的場合就是**民俗活動現場**。

　　民間信仰以及民俗活動，合起來是我們德育傳承重

要的無字之書，化成日常生活中的習俗風俗禮俗，以下一一介紹：

## 過年過節習俗所傳承的文化內涵

重點主要是一年四大節：春節、清明、端午、中秋，以及做為三階段重心的三元節。

### 1. 春節

春節是感恩的時節，另外也是代表一年之始，傳承的德育包含：感恩（春節拜拜、發紅包）、心情重整（除舊布新）、和諧互動（團圓飯），也包含孝道（春節各項禮儀）、親友聯誼（拜年以及回娘家）。

當然春節時也是許下一年新希望，建立新的期許，以及建立當責，訂定計畫並且確實去執行。

### 2. 清明

慎終追遠的季節，在春末夏初的時節，也正是大約一年計畫進行三分之一的時候，可以一邊檢討自己，一邊也透過感恩及祭拜儀式，融入三生三世的意義，當祭拜祖先的時候，也想起自己的責任，提醒自己要做個有路用的人。

清明掃墓一方面是一種連結家族情誼的季節，另一方面，其實也是清掃自己內心的時刻。

### 3. 端午

這是一個標準夏天的季節，在習俗裡則被包裝成要掛艾草、戴香包等，為的是因應夏季到來，蚊蚋病菌孳生，提醒注意環境清潔。

吃粽子、划龍舟等活動，表面上是為了紀念屈原，實際上也寓意著團聚（包粽子時闔家一起作業），以及開始運動並建立和諧互助（划龍舟需要團隊齊心齊力）。

### 4. 中秋

月圓人團圓，這個節日本來就是一種讓家人朋友團聚的溫馨意涵，並且到處都有個「圓」字，月亮、月餅都是圓的，也是一種追求人際間的圓融與和諧。

中秋節也是一年中重要的祭祀時刻，要準備三牲來祭拜土地公等神明。至於現代流行的中秋烤肉，其實強調的也是親友相聚。

### 5. 三元節

這部分我們會在第七章深入介紹，但基本上，三元正對應著一年中的三個重要階段，就如同我們做任何計畫都要有幾個檢核點，三元節正是這樣的檢核點。

透過檢核點，可以做反省、調整和補強，過程中也要記得感恩，且勝不驕、敗不餒，做得好的再接再厲，做不好的不要灰心喪志，打起精神再邁向前。

### 婚喪喜慶禮俗所傳承的內涵

比起年節習俗，婚喪喜慶會連結的人更多，包括每個家族成員以及親朋好友，範圍更廣，有更多的德育規範。

- 婚：包含訂婚、納采、迎親等婚前儀式，也包含結婚、探房；婚宴的結婚進行式，還有婚後的歸寧、蜜月……等。
- 喪：包含人走到生命終點會遇到的入殮、奠禮、出殯、安葬、做七、百日、追悼等儀式。
- 喜：生命中的喜事，包含生日、大壽、弄璋弄瓦、孩子滿月周歲，還有個人的金榜題名、升官到任、選舉當選、中獎，乃至於身體康復……等等，我們會做到的種種祝福儀式。
- 慶：各種生活中的慶典，如開幕誌慶、喬遷，揭幕、結盟，其他像是通車大典、紀念大會……等，我們都有相應的祝福或感恩儀式。

### 廟會活動的風俗所傳承的內涵

提起廟會，這裡指的更是兩把金鑰中關乎社會香火傳承的部分，主要的關鍵名詞有：

- 宮廟

包含宮廟莊嚴的主體、宮廟本身的彩繪及德育寓意雕刻，還有宮廟舉辦的法會、祭祀、儀典，也包含宮廟執事人員和民間的互動。

- 神明

　　神明本身的寓意、神明聖誕活動、神明傳說帶給民間的影響，不同的神明可以傳達相同的意義，例如慈悲、關懷。同樣的神明在不同地方，也可能代表不同意義，例如不同地方的媽祖祈福慶典形式跟傳達主旨，會因地制宜有所不同。

- 民俗

　　包含結合神明的祭儀，如媽祖遶境，或結合地方民情的活動，如點天燈、炸蜂炮……等，這些活動有的結合民間信仰，有的不一定和信仰直接相關，如元宵賞花燈。

　　這裡也要特別說明，所謂的民俗活動，一般人往往定義為就是類似炸蜂炮或搶孤這類的地方代代相傳習俗活動，但包含像是春節的種種，諸如發紅包拜年，或平常初一、十五祭拜，也都是民俗活動。這些都不是日常活動，而是結合德育意涵的民俗活動。

　　這些民俗活動，不該只是地方上讓人看熱鬧的慶典，背後都其有深厚的意義，像是療傷止痛乃至於族群融合等，這些我們在第二篇會詳細介紹。

　　最後，我們整理走動、互動、活動，以及習俗、禮俗、風俗相關活動如下表：

## 德育無字之書

| 大項 | 年節習俗 | 婚喪喜慶 | 民俗活動 |
|---|---|---|---|
| 主力連結 | 家族 | 親友 | 族群 |
| 主力方式 | 走動 | 互動 | 活動 |
| 主力影響 | 習俗 | 禮俗 | 風俗 |
| 例證 | ・ 吃年夜飯，家族團圓。<br>・ 初一走春，親友聯誼，拜年發紅包。<br>・ 初二回娘家，鏈結姻親關係。 | ・ 結婚宴席，長輩主桌，親友祝賀。<br>・ 喪禮弔唁，家祭及公祭儀典。<br>・ 小孩滿月致贈親友滿月禮。 | ・ 三月媽祖誕辰，各鄉鎮遶境風俗。<br>・ 元宵節，南蜂炮、北天燈、東炸寒單風俗。<br>・ 七月搶孤活動。 |

# 第四章 德育在臺灣

**本章重點**

共同植基於中華文化，但後來在臺灣這端，特別是無字之書的傳承，普及化的民間習俗以及宮廟文化等等，在德育傳承的發展青出於藍而勝於藍。

東方人的德育影響深遠，不僅僅形塑中華民族數千年來的文明樣貌，也影響到以中原為核心的周邊國家，包含日本、韓國及東南亞各國。

但同一套文化可能在不同地方會因地制宜，而有了不同的發展。東方的德育在基本內涵不變的情況下，到了現代，有一些歷史性因子的加入，帶來一些變動，包含：

19 世紀以來，西方靠著船堅炮利，硬闖進東方文明，也將許多西方德育標準滲進東方文明。處在時代之交的中國，因為武力上與西方的差距，後來無論在生存生活或生命層面，都深受西方影響。

最糟時候還有人推動「全盤西化」，所幸我們後來還是保持東方文明的核心。只不過這些西潮衝擊很大，也因此才會有本書所呼籲的要找回寶藏。

20 世紀初，中國先是遭逢日本侵略，還有二次世界

大戰，之後又是國共內戰，進而有後來分隔出臺海兩岸的
情勢。在各自發展過程中，中國大陸部分又發生了像是文
化大革命等浩劫，曾帶來德育傳承斷層，相對來說，臺灣
的德育傳承又是如何呢？

　　這是本章要討論的重點，在經歷過時代變遷後，臺灣
如何保有正統的東方德育？

# 4-1 從中原文化到臺灣文化

　　到底臺灣的德育文化是如何呢？與本書前面講述的德育內涵和傳承有何關聯或有何歧異？

　　臺灣文化完全一脈相傳自中原文化，也就是我們前面說的釋、儒、道體系，不只是承續著原汁原味的千年文化內涵，且在呈現上是「青出於藍而勝於藍」，所以世界各國都說「臺灣最美的風景是人」。

## 飲水思源，溯及中原文化

　　飲水思源，臺灣文化的源頭依然是中原文化，只是因為時空背景，臺灣文化後來透過無字之書，包括宮廟文化、民間習俗等重要特色，因此形塑出臺灣更溫暖的德育風格。

　　我們的德育體系根基深厚，源自千年以上的中原文化，而非只是近一百年的自行發展。臺灣文化的情況根基深厚，只是後來在「無字之書」的傳承方式，有了臺灣特有的發展。

　　提到這裡，要特別介紹跟臺灣非常有淵源的先祖：開閩王——太祖王審知。

　　太祖於西元 909 年在位，建立閩國，他當年積極吸納

中原人才，又極力發展海外貿易，使得福建的經濟和文化得到很大的發展。也因為其對福建貢獻很大，才被尊稱為「開閩尊王」、「開閩聖王」，代代奉祀直到今天。

王審知的教化體系，典型的印證「有字之書」跟「無字之書」的結合。

他從中原引進大學士，找來有學問的人辦學院教育學生，這部分是有字之書。而他在位期間，蓋了兩百六十間廟，透過另一個體系教化百姓，這部分就是無字之書。

正因為他能做到「有字之書」跟「無字之書」並進，才能帶給福建非常好的政績，他教育辦得好，文化也就興盛。

一個眾所周知、影響深遠的閩南文化豐富例證，就是國學大師朱熹。後世尊稱為朱子，集理學大成的朱熹，西元 1130 年出生於福建，他輯定《論語》、《孟子》、《大學》、《中庸》為四書做為教本，也成為後代科舉應試的科目。

也由於王審知當年把中原文化原汁原味引進福建，之後又傳入臺灣，所以直到明末清初，漢人移民臺灣都還自稱唐山人。

## 宮廟的傳承，帶來重要文化力

以「無字之書」來看，從中原輾轉傳來臺灣，包含宮廟以及神明體系影響深遠，舉例來說，像是土地公以及媽

祖,都在臺灣產生了很大影響力。

這裡要特別說明的,現代人去宮廟祭祀拜拜時,抱持的可能是「有拜有保庇」的心,經常都是跟神明求這求那的,總之都是為了自己。然而當初這些宮廟的建立,卻是抱持著「強大的信念」。

首先漢民渡海來臺,是抱著九死一生的恐懼,以及對未來不可掌控的迷惘。在出海前求神明保佑的那種心情,是真的「性命相託」的。終於安抵臺灣,後來能夠做出一番發展,安居樂業,內心的那種感動所發諸的信仰力是很強大的,因此在早年時期,宮廟的地位是非常神聖的。

當然,時移事往,我們無法強力要求現代人也對祖先那種宮廟祭祀的心感同身受,但依然要了解,唐山過臺灣所帶來的宮廟傳承背後,是有很深厚的意義。

現代許多人拜拜,那種求「保庇」的心,常常流於一種形式,到廟裡只是行禮如儀的參拜,但心裡卻像是個局外人。真正的拜拜是一種「連結」,最強的連結信念是「感恩」,像是前面所述九死一生過海來臺那種真正的感恩。

或者在日常生活中真心的覺得要行善,以及感受到世間種種非己所能的事,覺得真的是老天的力量在幫助大家。也因為心中有強烈的連結信念,形成了一種正向循環:越相信就越有信心,越有信心,生活及事業就越順利,生活及事業越順利,就越相信神威。

## 4-2 臺灣的德育特色一：
## 一年四季生活在德育之美中

　　在前面我們講述兩把金鑰時，展示了透過香火傳承，讓德育普及各地。其中不論是家庭或宮廟，最終都發展成民間信仰與民俗活動。具體來說，以臺灣為例，何時可以看到這些德育的展現呢？答案是一年四季都看得到。

　　下圖是從內而外，來看中華文化後來如何展現成最終「臺灣最美風景是人」，從圖的內層可以看到，就是禮俗、習俗、風俗。

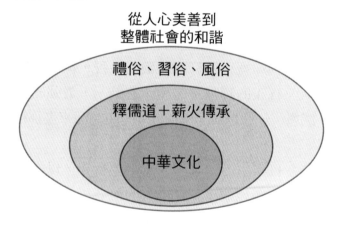

圖 4-1 文化在臺灣傳承帶來的社會現況

　　百姓在日常生活中，藉由習俗的走動、禮俗的互動以及宮廟的活動，在三動的潛移默化中，將每個人自幼小到年老的人生各個階段，皆教養成為有人格、有路用的人。

　　所謂一年四季，貫穿 24 節氣，從春節第一天的除夕、春節，中間包含三元節，一路到十二月底的尾牙活動，展現各種習俗。另外，植基於家族互動的德育架構，臺灣人婚喪喜慶緊密相連，這也是一年四季都看得到的禮俗。

　　而在臺灣 368 個鄉鎮，各鄉甚至各村都有廟會活動，時間穿插著，也是一年四季、從北到南都看得到不同的風俗。

## 4-3 臺灣的德育特色二：普及的宮廟體系

　　依統計數字，臺灣的廟宇總數已經超過 12,000 座，這是指內政部登記在案的，實際上的廟宇數當然更多，例如我們有時候在偏鄉看到的石頭公、土地廟、或任何規模小到沒有特別編制人力去管理的。

　　這遍及臺灣南北各地，包括山之巔、海之崖，還有偏遠外島各式各樣的廟宇，代表的是什麼意義呢？

　　當我們看著無論處在鄉村或城市，山區或海邊，有著超過數百種神明，或許不一定一下子就能叫出每位神明的名號，但大家對於各種神明，總是抱持著一種恭敬的心境。

　　有沒有想過，為何我們會對神明有恭敬的心？是因為對祂的神格恭敬，還是對人格恭敬呢？例如當人們祭拜關羽，內心想到的不是關羽這神明的神力，而主要想的是關羽代表的忠義象徵。

　　再進一步來想，當宮廟是如此的普及，不正代表著我們無論走到任何地方，都要保持恭敬的意思嗎？就好比原本我們像個頑皮的孩子，但是當我們無論走到哪裡，都有師長在場督導，我們就不敢胡來了。而這正是宮廟普及帶來的影響，也因此，宮廟扮演著重要教化橋梁，這也是臺

灣德育的重要特色。

　　關於宮廟，我們在後面章節會有深入闡述，但在這裡要請讀者思考，你所認知的宮廟是什麼？如果這世上沒有宮廟，你的行為舉止是否會有改變？

　　對臺灣在地的德育傳承來說，廟宇、神明及種種民間信仰，扮演著關鍵的角色。正因為傳承千百年人們融入其中，已經忘了隱藏背後的意義，所以才需要尋寶，也就是找出德育傳承背後的意義。

　　臺灣的廟宇，淵源主要來自中國，但卻已經發展出自己獨特的體系。這裡不是指各種宗派及勢力那種體系，而是指當各種廟宇及其背後的神明和科儀，跟著先民渡海來臺後，已經歷經轉化，我們保留了原本宮廟文化裡善的教諭和啟示，結合了臺灣的風土民情，發展出新的節慶以及與民眾互動的關係。

　　因此，在臺灣有許多只有本地才有的習俗，包括民眾熟知的放天燈、放蜂炮、搶孤、炸寒單……等等，都是臺灣自己發展出的活動，這些活動背後的的寓意，也都有著德育的意涵。在本書後面，會來介紹這些意涵。

## 4-4 臺灣的德育特色三：
## 德育傳承符合教育的準則

　　臺灣特色的德育，青出於藍而勝於藍，所謂「青出於藍」的關鍵就在於：臺灣的德育傳承非常具備一個「**良好教育**」該具備的特質，也就因為符合這些教育特質讓德育更落實。

- 完整性

　　在臺灣以無字之書方式傳遞中華文化的宮廟，教化子民存好心、說好話、做好事，並且以廟會活動的方式實踐安定心靈，養成堅忍不拔的精神，邁向成功之道；定期舉辦民俗活動，促進人與人之間的互動，培養感情，互助互利，建立和諧的鄰里關係。其具體教化包含淨化心靈、人格教育、情緒管理及實踐行動，相關的論述，都會在第二篇一一說明。

- 系統性

　　臺灣廟宇活動雖然非常多樣，如果仔細觀察，卻可以找出許多的組合，每個組合都在傳遞做人處事的意義。在本書第六章，會有關於神明的闡述。但這裡先來做一個概

括論述。

第一個系統：豐富的宮廟組成系統，包含宮廟的建築、儀式、裝飾都形塑一種德育教化的氛圍。

第二個系統：明確的神明教化系統，每尊神明的聖誥，代表一種善的人格，綜合成教化一個人的所有德育。

第三個系統：多元的廟會活動系統，每項廟會活動對心靈帶來不同啟迪與感動，日積月累影響人的行誼。

- **實踐性**

德育的傳遞，不能只是紙上談兵，但如何讓德育落實呢？畢竟又不是真的有個導師，拿著教鞭守在旁邊。

如何讓德育從觀念變成實踐，方法就是「三動」：族群靠活動、親友靠互動、家族靠走動。

臺灣廟宇文化以無字之書的方式傳遞中華文化，一年到頭設計各式各樣的民俗節慶、法會、遶境活動，還有婚喪喜慶的禮俗等，臺灣人就在日常的生活當中，透過參與不同的「動」，在潛移默化中，人格得到教化，建立做事的心裡建設，相互之間建立溝通管道、培養感情，實踐齊家、治國、平天下的目標。

- **教育性**

    符合教育的四大原則：

    1. **地點普及**：臺灣有紀錄的宮廟超過萬間，其他未紀錄的路邊小廟更是不計其數，大小宮廟遍布全臺每一個角落。

    2. **人人受教**：臺灣的廟宇無論規模大小，供奉任何神明，每個人都可以進入敬神祈福，不但沒有收費，還熱情招待茶水，抽籤解惑也是免費的。

    3. **有教無類**：無論貧富，無論出生，甚至於不管個人品行是否有不良紀錄，只要誠心敬神，任何人都可以到廟裡，說出願望祈求神明保佑。

    4. **誨人不倦**：「地獄不空，誓不成佛」，這是地藏王菩薩的宏願，全臺的廟宇全年無休，任何時間都竭誠歡迎您的蒞臨。

總結來看，臺灣被稱為寶島，但臺灣絕對不是一個遺世獨立、個別發展的島嶼，如果是這樣，臺灣就不會有廟宇，不會有倫理道德，不會有如今陪伴我們並且深入你我內心的釋、儒、道觀念。追溯根源，我們日常生活所做的每件事、所植基的價值觀，都是可以上接幾千年前的中華文化。

當然，任何的傳承都必須因地制宜，中華文化跨海傳來臺灣也是如此，會因應現代社會而有某些轉型，但無論

如何，都仍是站在原來基礎上做的調整，而非「數典忘祖」的追求全然的新生。

　　而本章我們探討的就是臺灣是如何傳承，並非刻板的照單全收，而是透過完整性、系統性、實踐性、教育性等不同功能，青出於藍而勝於藍，最終也寫成「臺灣最美風景是人」的美稱。

　　這中間扮演重要角色的媒介，包含宮廟、包含神明、包含各類民間習俗等等，也將在後面一一登場。

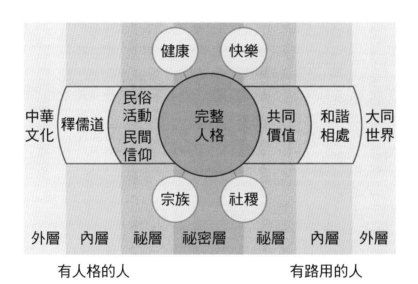

圖 4-2 德育的因果關係圖

第二篇

# 德之育
## 生活中教化我們的無字之書

在本篇，我們探究過往人們不曾注意或已經遺忘
的德育寶藏，從四個跟你我日常息息相關的環
節，重新找回原本的教育媒介。

在上一篇我們介紹中華文化的兩把金鑰，其中開
啟民間寶藏智慧的金鑰，我們看到有兩個重要寶
藏：民間信仰以及民俗活動，並且看到陪伴你我
成長，但人已經忘記意義的三個關鍵元素：宮
廟、神明以及節慶。

本篇我們分別探討宮廟的真正意義、神明所象徵
的教育體系，以及從德育的角度，分別探討節
慶與我們做人做事的成功之道，還有情緒管理
的關係。

# 第五章 抑惡揚善淨化心靈的廟宇

## 本章重點

心靈淨化的廟宇，不只是教人們明是非、辨善惡，更重要的是讓人打從心底就厭惡趨善。

## 5-1 無字之書教育的基本思維

　　德育是一套做人處事的道理，東西方的德育標準不同。因為經過各自千年歷史，背後整合、維繫、深化的文化內容不同。在東方，我們將祖宗智慧凝聚成三個中央核心：儒、道、佛，以此對應的生活、生存、生命三大智慧，一方面由中央承發散到民間，另一方面也持續不斷從民間吸收生活經驗。

　　這三大智慧深藏民間，能夠不受時空限制，且不為文字所拘束，人人都可以吸收，這個機制就是無字之書的機制，透過民間信仰以及民俗活動，教育世世代代。

　　我們可以用有字之書跟無字之書做類比，這樣讀者就可以明白：

|  | 有字之書 | 無字之書 |
|---|---|---|
| **教學場域** | 學校教室 | 日常生活就是教室<br>重要場域：宮廟及節慶現場 |
| **教學體系** | 從小學到大學的教學課綱 | 日常生活就是課綱<br>教育體系：民間信仰教化 |
| **教學模式** | 老師授課 | 日常生活就是授課<br>教育主題：民俗活動實踐 |
| **教學考核** | 考試制度 | 日常生活就是考核<br>考核內容：做人做事成功之道 |

　　當我們習以為常，以為所謂教育就是上學讀書取得文憑，並且也以考試分數高低決定一個人的「好壞」，甚至貼標籤認為不會讀書就是壞學生，卻忘了教育只是「過程」，最終的目的，就是要培養出一個懂得做人做事、頂天立地的人。

　　無字之書沒有學堂，因為古早時候大部分人根本不識字，因此教育就不是看考試成績，而是看一個孩子由小到大受到怎樣的教化、心中有沒有善念、對人有沒有禮貌、做事有沒有分寸（也就是 EQ 高不高）？

　　有人問，不透過考試怎麼知道一個人學到了沒？這就是古人的智慧，也是無字之書的重點：所謂教化不是只會背誦，而要能真正落實到這個人的生存、生活、生命中。

　　所有無字之書的德育學習，一定包含兩個層次，一個是心靈教化層，一個是生活教育層。

　　我們就舉「勇氣」這個主題為例，傳統的有字之書，教育的方式就是念課本，用文字形容什麼叫勇氣，然後可能舉歷朝歷代的偉人當例子。可是學生就算考試滿分，也不代表知道什麼叫勇氣。但在無字之書，如下圖：

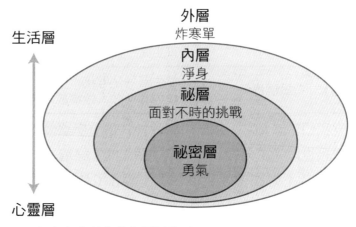

圖 5-1 無字之書教化從心靈到生活

　　不需要背誦強記，透過民間信仰及民俗活動，就可以讓人們「真正」知道什麼是勇氣。上圖只是其中一個例子，其他像是搶孤爬竿、野柳淨港，乃至於臺灣知名的鹽水蜂炮，都是結合德育教化意義傳達勇氣的案例。

　　依此類推，當我們看待各類活動，好比說元宵猜燈謎，表面上是年節猜謎樂趣，內裡卻是告訴我們「學習」的重要，為何別人猜得出來，我猜不出來？就是告訴你，想成功就要多學習。

　　當我們介紹無字之書的四大主題：教學場域、教學體系、教學模式，以及教學考核時，可以發現很特別的一點，這也是無字之書才有的，那就是四大主題彼此交錯。例如以宮廟來說，這是一個教學場地，但本身也是一種教學體系。也就是說，宮廟是個可以學習德育的地方，但宮廟「本身」就是一種德育教學機制，同時也是德育教授及考核的地方。

　　最典型的好比當媽祖慶典的日子，一個人先是受到宮廟本身神聖氛圍的心靈感動，然後做為德育教育的部分，就是人人受到媽祖精神的啟發，而在節慶活動中學習禮儀以及其他德誼，最終且直接在這樣的場域落實為感恩的行動。

　　這個交錯的重心，其實就是我們前面強調過的「核心中的核心」，也就是香火。因為香火背後代表著傳承的兩把金鑰，在德育傳承時，也讓家族香火與社會香火連結，所以會讓包含家族及宮廟，既是德育的教化場域，也是德育運作機制的一環。

　　本章我們先從宮廟作介紹，就是因為宮廟本身既是民間信仰的中心，也同時是民俗活動的基地。

## 5-2 宮廟的六大元素

若我們不要戴著既有的迷信標籤看宮廟，用自己本身的經驗來回憶我們在宮廟裡的「體驗」，就會想起當我們走進一座宮廟時，心中有什麼「感覺」？以及從小到大，我們有多少做人做事的道理，是直接在宮廟學到的？

不論宮廟的規模大小，基本上，宮廟裡都有以下六個教化元素：

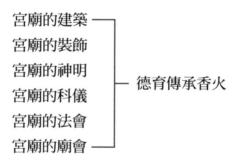

這六個元素缺一不可，並且最終都屬於德育香火傳承的一環。

我們說中華文化屬於社會香火的那把金鑰，解開後看到的兩大寶藏：民間信仰及民俗活動，如果沒有宮廟，那就無法成事。為什麼呢？既然東方德育的內涵是由釋、

儒、道整合的三生智慧，那麼又有什麼場域，可以完全融合這三生智慧呢？答案有兩個，一個是傳統的家廟，另一個就是民間的宮廟，而其中共通的元素就是香火。

隨著社會現代化，三代同堂的古風已然沒落，原本的家族宗廟，許多也已被淡忘，只剩少數人家還懂得在家中有簡單的牌位祭祀，相對來說，保留在民間且分布極廣的宮廟，就顯得非常重要。

現代的宮廟，當然有其宗教的一面，但是對廣大民眾來說，宮廟其實融合了釋、儒、道所有元素。宮廟扮演著不可取代的，既是個人心靈精進的場域，也是跨族群對接的橋梁。所有的民俗活動，都必須透過宮廟做連結，所有民間習俗，也都可以追溯到宮廟裡的神祈。

具體來說，當我們把宮廟當成一個無字之書的重要元素來看待，就可以看到非常令人讚歎、可以影響長達千年的影響力。以下我們就由六個視角來重新認識宮廟：

| 宮廟建築 | 安定心靈：引領民眾進入定靜安慮得的內心自省 |
| --- | --- |
| 宮廟裝飾 | 淨化心靈：傳達忠孝節義以及善惡有報種種觀念 |
| 宮廟神明 | 人格養成：每個神明都投射出至少一種善的理念 |
| 宮廟科儀 | 敬畏神明：舉頭三尺有神明，讓人感到莊嚴 |
| 宮廟法會 | 安定人心：可以內心療傷止痛，重整精神再打拚 |
| 宮廟廟會 | 實踐德育：成為一年四季的德育提醒以及實踐 |

## 安定心靈的宮廟建築

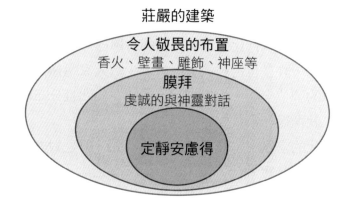

圖 5-2 宮廟六大元素解析（建築部分）

　　包含宮廟建築物本身，就是一本莊嚴感十足的無字之書，這本無字之書不需要翻閱，光是其存在的本身，就帶給人們心靈上的影響。

　　宮廟締造的學習境界層次：

- 定：初始進入宮廟，就會感到內心必須安定下來，不敢造次。

- 靜：種種的儀式，包含參拜及禮敬等等，就是要讓人靜下來。

- 安：來到宮廟，人人最終都是求得心安。

- 慮：心安，不是一蹴可幾，是要人們反省求得，這就是「慮」。

- 得：明瞭如何選擇正確的作為。

## 淨化人心的宮廟裝飾與布置

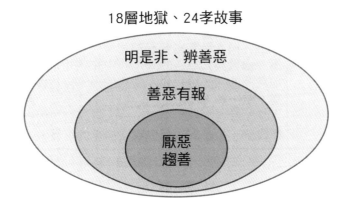

圖 5-3 宮廟六大元素解析（裝飾部分）

## 跟善報有關者

| 裝飾及布置 | 象徵寓意 |
|---|---|
| 天堂圖（西方極樂世界意象） | 只要行善，你的所做所為不會被埋沒。鼓勵人們，這一生的付出，對父母盡孝，對社會做貢獻，來生都會有福報。這一世結束，會去到一個美麗的地方。 |
| 24 孝圖（通常是壁畫或浮雕） | 做人做事，最基本的就是要從 24 孝開始，除了勸善，宮廟也傳達著家庭的重要。 |
| 羅漢（通常是雕像） | 展現人間百態以及生活中的智慧，每尊羅漢都有其生活的教誨。 |

| | |
|---|---|
| 福祿壽喜 | **展現生命的境界**<br>福：做善事會有福報，如果尚未有福報，不是不報，只是時候未到。<br>祿：做善事者，與人結善緣，這最終會反應到事業上，與人為善者較易加官晉爵，前途無量。<br>壽：懂得與人為善的人，心中充滿知足開朗。心地純淨的人，也是較少生病的人。自然會長壽。<br>喜：當一個人為惡，內心難免惶恐不安，離「喜」很遠，相對來說，一念行善者，內心的那種喜樂，是多少金錢也無法換得的珍寶。 |

## 跟惡報有關者

| 裝飾及布置 | 象徵寓意 |
|---|---|
| 地獄圖<br>（十殿閻羅及十八地獄示意） | **明辨善惡**<br>閻羅王的生死簿記載著，人在世時一生的大小事，做善事會受讚賞，做惡事會被處罰。由於天堂與地獄的強烈對比，讓人認真的思考什麼是善什麼是惡，避免作惡事而下地獄，希望作善事上天堂。 |
| 千里眼、順風耳 | **諸惡莫做**<br>別以為神不知鬼不覺，千里眼、順風耳已看在眼裡。 |
| 牛頭、馬面 | **讓人們心生警惕，壞事不要做**<br>別因一時貪念，最終看到牛頭、馬面時悔之已晚。 |

　　以上所列的裝飾布置所傳達的德育，若簡單的六個字形容，就是「明是非、辨善惡」，真正的德育教導，是讓一個人「樂於」行善，「厭惡」為惡，只有這種「打從心底」做起的教化，才是真正教化。

## 人格養成的神明體系

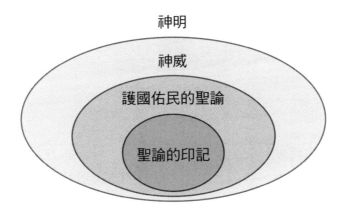

圖 5-4 宮廟六大元素解析（神明部分）

　　整體來說，每個神明的聖詣代表一種人性的光明面，綜合所有神明的聖詣，即養成一個人的健全人格。這也是我們後面第六章會和各位讀者分享的主題。

## 產生敬畏的科儀

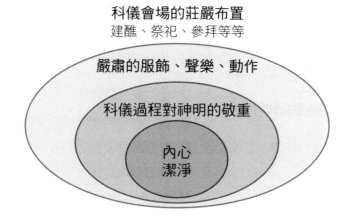

圖 5-5 宮廟六大元素解析（科儀部分）

　　在古時候，要由家中長輩做詮釋，詮釋的方式，除了在日常生活中，爺爺告訴孫子壁飾的意義這類的生活教育外，必得有更深入甚至更震撼人心的做法，這就是宮廟舉辦科儀的由來。

　　透過科儀，也就是讓人們將宮廟意象化靜態為動態，積極對人心產生影響。所謂敬畏，其實是一種生活及生命的警示，並衍生出德育的規範。例如小孩子知道不能碰火、不能靠近水邊，因為產生了敬畏，所以保障了未來安全；例如從小因為對神明的敬畏，知道不該做偷盜害人之事。如果德育成長過程少了敬畏的力量，將導致一個人天不怕地不怕，傲慢自私且為了私利無所不用其極，這就形

成社會亂源。

　　宮廟科儀，打造一個跟神明交流的場域。實務上，
人們是在跟「自己」對話，也就是這其實是種自我反省
的場合。

## 安定人心的法會

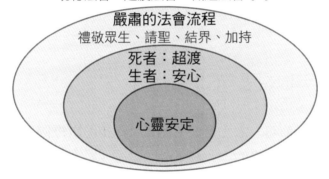

圖 5-6 宮廟六大元素解析（法會部分）

　　當人們碰到種種的惶惑，例如收成不佳、生活中的不
順，擔心是否觸犯天神，或者親友往生內心傷痛等等，
各類的法會，是要讓一個個疑慮的心得到安定，鼓勵重
新奮起。

## 實踐德育的廟會

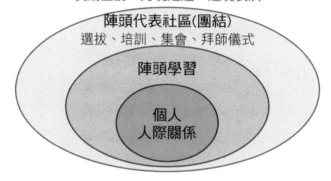

圖 5-7 宮廟六大元素解析（廟會部分）

在宮廟的六大元素中，影響最深遠的跟每個人（不分宗教）都有關係的，一個是神明體系（將在第六章進階介紹），一個就是直接延展到所有民俗活動的廟會活動（包含民間信仰和民俗活動）。

廟會活動雖只是整體民俗活動的一部分，但若少了廟會活動，臺灣許多的節慶都無法生存，例如媽祖遶境、中元普渡、春節拜拜……等，關於這個部分，我們會在第七、八章介紹。

## 5-3 宮廟文化的德育寓意

　　總體來說，宮廟這本無字之書傳達了三種基本教育，並且是其他教育難以取代的：

### 1. 明是非，辨善惡
　　過往以來教育不普及，所謂是非善惡，除了家族的傳授外，更深入人心的其實是宮廟文化的影響。

### 2. 報應觀
　　臺灣人都有深刻的「善有善報、惡有惡報，不是不報，時候未到」的基本思維，這就是報應觀，如果少了這種價值觀，社會的混亂程度，將是現今的百倍以上。

### 3. 行善（積陰德）
　　什麼叫行善？就是做一個「有人格、有路用的人」，做好自己，能夠去做「對」的事，就是行善。不只行善，還必須根深柢固的打從心底「樂於行善」。這就是整個臺灣社會的人生觀。

其影響流程如下：

我們可以發現，臺灣各地不同的宮廟，最終一定都傳達以上三種德育；明是非辨善惡、報應觀以及行善。

當然，大方向相同，細節可能不同，包括每個宮廟的興建緣由必然不同，最後卻殊途同歸，共通打造全民的德育。依考察，臺灣各地宮廟最初的興建，原因可歸納為以下二大類：一個是許願，一個是還願。

## 許願：人生有目標

告訴神明，我要努力上進，我要努力達成怎樣的目標。

## 還願：感恩的心

回來感謝神明，祢看我做到了，對得起自己，也對得起天地。

如果沒有宮廟、沒有神明，這世界上沒有「許願」和「還願」，人的心會多孤獨啊！也會少了打拚的動力。

# 第六章 教化人格的神明聖詣

## 本章重點

每尊神明的聖詣，如聖經的每一章節，代表一項人性的
光明面，代表一項道德的指標，依循每尊神明的聖詣做
人處世，自然就成為「有人格的人，有路用的人。」

　　在宮廟的六大元素中，有兩大項目是以宮廟為基地，
往外拓展深入到民間，一個是神明體系，另一個是廟會活
動。其中神明體系影響更是深遠，任何人不一定經常去宮
廟，但從小都會受到媽祖、土地公、佛祖等的教化。

　　這些神明真的只能被以宗教觀點看待嗎？如果只被以
宗教看待，就不可能千百年來影響千千萬萬的人了。

## 6-1 重新認識神明：我們的人間導師

有句話說：「心中想的是什麼，你就會看到什麼。」

無字之書的「神明」這本書比傳統學校教育還有用，心中有虔敬，在菩薩面前會感到謙卑，然後發心為善。若只用純物理的角度來看，菩薩就只是一尊泥塑的雕像，因此重點不在神明的塑像或圖案，而是其所「對應的心」。當人們的心已不再純善時，那麼神明體系也會衰亡，最終就是世人道德淪喪。

重新認識神明，我們可以問以下三個問題：

**一、為何我們要拜神明？**

千百年來，當人們面對著神明虔心祭拜，那時在做兩件事：

1. **與神明對話**

實際上，是與自己對話。例如跟神明祈求要發大財、要身體健康，祭拜者也正是在告訴自己，要努力賺錢、要注意身體健康，而唯有透過神明見證，他才能放心的自我砥礪。

2. **感受神明的啟示**

這部分正是神明做為德育媒介的重任。基本上，我們

面對某個神明時，那一刻將自己的心交付予祂，就是要映照該神明帶給我們的影響。

## 二、神明引領我們什麼？

我們面對的，一方面是神明的神性（我們相信神明可以引領我們，朝正向的人生邁進），二方面我們也感悟到神明的人性（例如媽祖，本名林默娘，就有著慈善助人的民間傳說）。

## 三、神明到底是什麼？

神明就是德育香火的鏈接，每位神明都是我們的人間導師，這裡舉兩個最有名的例子：

### 1. 土地公

若以神明角度來看，土地公是一個在地之神，但論背後的意義，代表著地方和諧。古時候，大部分人務農為生，有土斯有財，因此土地之神很重要，彼時在你的田頭、我的田尾，往往會有一座土地公小廟，可能只是小小的石頭廟，但其一方面象徵著地界，另一方面也象徵著你我間彼此和氣相處。

此外，自古以來，土地公代表地方父母官，而所謂父母官，是真正人民的保母，這守護人民者，好的父母官首要就是戒貪。所以財神爺的意思正是：戒貪，才能帶來富足。

## 2. 媽祖

媽祖在世時的名字叫做林默娘,是個很聰明的女孩,她會為了指引濃霧中的船隻歸航,特地蒐集柴火,點燃火焰,就好比燈塔的功效,讓遠方的船隻可以有個方向。

至今媽祖的影響力,已經遠遠不只在海上庇佑漁民,而是成為東南亞地區最具盛名的生活庇佑之神。特別是在臺灣,媽祖可以說是最重要的神祇之一,香火非常興盛。

也因此,媽祖對臺灣人的生活有很大的影響,帶給歷代千千萬萬的臺灣人許多成長茁壯的力量。多少的奮鬥者祈求媽祖庇佑,得到更多自信,開創事業,更多的人透過和媽祖祈福,得到工作的安心。

媽祖引申的德育意義,正是我們做人做事要有目標和自信。

## 3. 其他神明的寓意

舉一反三,其實很多神明都是這樣的寓意。例如註生娘娘,女子們去拜註生娘娘,難道註生娘娘會幫她們生小孩嗎?同理,保生大帝是親自到病人家顯神蹟治病嗎?都不是。祂們只是傳授方法,但賺錢、生小孩以及擁有健康身體,都還是要靠「自己」。

這也好比現代人讀書,書本身可以幫我們解決問題嗎?書本只是工具,真正要靠我們吸收智慧後去落實,才能改善人生。

# 6-2 神明形塑的德育體系

臺灣有上百種神明圖騰，以不同宮廟的形式，例如土地公廟、媽祖廟……等等，廣泛分布在南北各地，深入山巔海濱。這些神明整體結合成一個龐大且影響力深遠的德育體系，也等同位在各地的香火鏈接源頭。

先來認識這套體系的背後「教育理念」。

## 結合易經八卦與《大學》的綜合德育教育理念

1. 易經：代表學習架構

太極生兩儀，兩儀生四象，四象生八卦，八卦又衍生出 64 個卦象，以德育體系來說，正就是 64 門科目。

2. 大學：代表學習境界

誠意、正心、修身、齊家、治國、平天下，再加上生命更高境界的布施與無欲，正就是德育體系要學習的境界。

## 形塑一套完整的神明教育體系

這套神明教育體系，對應著的正是每個人內在修為以及外在態度。

(1) 兩儀：內在修為＋外在態度。

(2) 四象：正念、做人、做事、生命。

(3) 八卦：誠意、正心、修身、齊家、治國、平天下、
布施、無欲（每一卦對應一個神明）。

(4)64 卦象：正是成就一個完整人格的德誼統整。

## 當我們拜拜，正是追尋學習一種德育

從過去到現在，德育是傳承的主題，不論宮廟、神明
或者是各類祭儀，其實都只是德育藉以傳承的「形式」。
但後世人卻逐漸的反客為主，很多人在祭拜時，聚焦在向
「神」祈福，卻沒去注重背後的意義。

神明很重要，因為有了神明，抽象的德育才能夠有一
個彰顯的「典型」，所以神明可以說是一種圖騰。

那麼，到底這些圖騰代表的是怎樣的德育呢？前面我
們結合了 64 卦的寓意，整合了自古以來重要的德育項目，
也正對應著民間很普及的八個重要圖騰，即是被民間虔誠
信仰的八種神明。

但必須特別說明的是，每個神明既是圖騰，對應的其
實不只一種德育意義。在臺灣，常被祭祀的神明算起來有
上百尊，包含佛教、道教甚至儒教體系（如孔子），或者
像來自傳統民間也被祭拜的英雄傳說廖添丁，也是一種代
表正向的圖騰，背後都是要傳遞德育的香火。以下我們整
理出很重要的八大神明圖騰。

## 八大神明圖騰與人格修練成長表

| 正念 | | 做人 | |
|---|---|---|---|
| **彌勒佛** | **王母娘娘** | **土地公** | **恩主公** |
| 誠意 | 正心 | 修身 | 齊家 |
| 有容乃大 | 正面思考 | 樂善好施 | 忠孝節義 |
| 笑口常開<br>與人為善<br>樂觀進取<br>無分別心<br>有教無類<br>內心澄淨<br>開誠布公<br>虔心改過 | 寬：寬恕<br>和：和氣<br>堅：堅強<br>忍：忍耐<br>禮：禮節<br>義：守義<br>廉：廉能<br>恥：知恥 | 做人不貪心<br>做事不貪財<br>做官不貪污<br>行善不貪名<br>犯錯懂檢討<br>訓人懂自省<br>進學懂精進<br>潔身懂自愛 | 父子有情<br>君臣有義<br>夫婦有別<br>長幼有序<br>朋友有信<br>待客有禮<br>外交有節<br>師生有惠 |

| 做事 | | 生命 | |
|---|---|---|---|
| **媽祖** | **三界公** | **地藏王** | **觀世音** |
| 治國 | 平天下 | 布施 | 無欲 |
| 人生夢想 | 平等互動 | 感恩分享 | 利益眾生 |
| 學習<br>目標<br>信心<br>行動<br>自律<br>精進<br>效能<br>公益 | 彼此尊重<br>和諧相處<br>資源共用<br>互助合作<br>有福同享<br>濟弱扶貧<br>接納多元<br>禮賢下士 | 大慈大悲<br>諸惡莫做<br>誨人不倦<br>止於至善<br>仁民愛物<br>悲天憫人<br>隱惡揚善<br>詩書傳世 | 諸法皆空<br>無我隨緣<br>免於憂慮<br>免於恐懼<br>離苦得樂<br>照見無明<br>珍惜緣分<br>人生難得 |

這正是隱身在民間，人們經常接觸，卻總是忽略背後意義的人間寶藏。

## 6-3 認識人格養成的八大神明圖騰

　　讓我們來認識八大神明圖騰以及背後的德育寓意，最終都是教導我們做人做事的道理，而再細分，這些道理又可以分成對內的自我成長修練，以及對外的與外界應對進退。

### 代表正念的神明圖騰

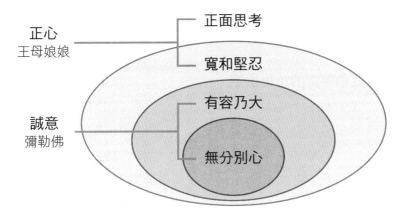

圖 6-1 八大神明圖騰之正念的寓意

- 有教無類的彌勒佛
  1. 在彌勒佛面前，無論你的出生是貧是富，無論從事哪種行業，無論過去做了什麼事，祂總是笑臉迎人，歡迎你的到來，接受祂的祝福與教誨。
  2. 人在世上不能離群而獨居，生活中的食衣住行育樂，都與他人發生密切的關係，在家靠父母兄弟，出外靠朋友，要學習彌勒佛「有容乃大、有教無類」的精神。
  3. 其教論是沒有分別心，誠懇待人，與他人保持良好的關係，互助合作、每天依自己的計畫，做自己想做的事，一步一腳印，日積月累，成就他人也成就自己。

- 寬和堅忍的王母娘娘
  1. 人生不如意事十有八九，一個人如何在順境中不被一時的歡喜沖昏頭，在逆境中也不會懷憂喪志被擊垮，那就是平常就要培養「情緒管理」的能力，做好準備，接受人生的種種挑戰。
  2. 「寬、和、堅、忍」的情緒管理，是可以學習的。在與人交往的過程中，隨時「自觀」自己情緒的波動，時時提醒自己，要依循王母娘娘的聖意，保持平和心處理事情。
  3. 如此日積月累的鍛鍊，慢慢的成為自己「心」的

主人，養成以「正面思考」，面對人生的順境
與逆境。

## 代表做人的神明圖騰

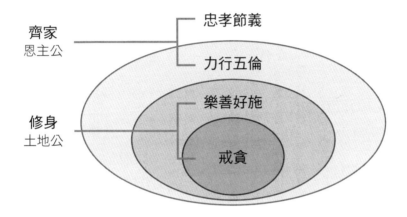

圖 6-2 八大神明圖騰之做人的寓意

- 戒貪的土地公
  1. 土地公代表「樂善好施」的精神，也代表「受人
     敬重」的意思，合起來就是「樂善好施會受人
     敬重」。
  2. 一個樂善好施，願意把自己擁有的與他人分享，
     此人就能「不貪」別人的財物，「樂善好施」為
     正面表述，其含意就是「不貪」。
  3. 「貪」為萬惡之首，做人做事第一課先告誡自

己，面對任何誘惑要有「戒貪」的決心。

4. 臺灣先民教育子弟，最重視的就是「戒貪」，在明清時代先民移居臺灣，從事農耕工作，雖然不能給子弟上「書院」識字，讀聖賢書研習高深的學問，但是做人做事的基本道理不能不教。所以就普設土地公廟，藉以教化子弟做人的基本道理——「戒貪」。

- 力行五倫的恩主公

1. 恩主公的聖意為「忠孝節義」，意味著作人要依循「五倫」的原則，就是父子有情、君臣有義、夫婦有別、長幼有序、朋友有信。

2. 家和萬事興，每個人在家庭裡，扮演著人父、人子、人夫、人婦、人兄、人弟等各種角色。

3. 只要依照五倫的原則，進退有據，互相扶持，就能家庭和樂。

4. 有家為後盾，就能夠全心全意努力事業，邁向成功之道。

5. 「要做好事，先做好人」，每一次到「恩主公廟」，就自我檢驗一次是否依循五倫原則與人相處，建立信用，而能得道多助，自然能一帆風順。

## 代表做事的神明圖騰

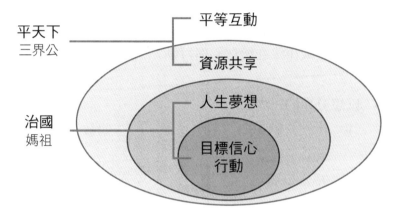

圖 6-3 八大神明圖騰之做事的寓意

- 目標信心行動的媽祖

  1. 治國就是經營事業，古今中外所有勵志的書，無論內容如何表述，有一個共同點，就是告訴讀者，做事成功的祕密就是「要學習、要有目標、要有信心、要有行動」。

  2. 「一年之計在於春，一日之計在於晨」，一年之始寫下今年的願望，每天就寢前記下明天要做的事，充滿信心，再全力以赴的迎接每一項工作。

  3. 航海人相信燈塔的指引，所以會安全抵達彼岸，媽祖有如人生的燈塔，給自己立下目標，向媽祖

　　　　許願，相信媽祖會指引你「對的方向」。加上你
　　　　自己的行動努力去做，就能實現願望。

4. 無論你的願望是祈求個人健康快樂、家庭幸福美
　　　　滿、公司事業成功，或是國家國泰民安，目標不
　　　　在大小，在於信心與行動。

- 感恩分享的三界公

1. 我們常聽過的「敬天法祖」，這個敬天，拜的是
　　　　天公，也就是玉皇大帝。

2. 天公下有三官，這三官大帝分別是主天宮、地
　　　　宮、水宮的神明。

3. 三界公代表著天下，代表著一種大愛，當我們能
　　　　夠用宏觀的視野看事情，我們做任何事就不會一
　　　　昧自私，而會以大我的角度看世界，我們會關心
　　　　所有的人，關心整個地球。

4. 當我們能夠超越自我侷限的格局，那麼整個人的
　　　　高度就會提升。

5. 三界公的信仰普遍存在人間，也在百年時間裡，
　　　　帶給臺灣人民很深的影響。因為三界公的信仰，
　　　　讓人們可以不只關心自己的生活，也關心大環境
　　　　的改變，三界公信仰用宏觀的視野，帶給人們新
　　　　的境界。

## 代表生命意境的神明圖騰

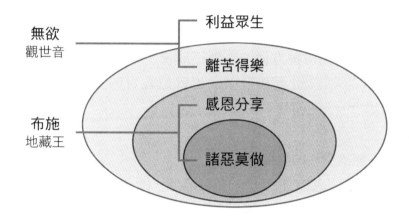

圖 6-4 八大神明圖騰之生命的寓意

- 誨人不倦的地藏王菩薩

    1. 地藏王菩薩誓言「地獄未空,誓不成佛」,短短
       兩句話,涵義卻很大。

    2. 當一個人經過一番努力,人生經驗豐富、事業有
       成,有社會地位,也廣受他人羨慕,此時要懂得
       將這些有形的財物或無形的經驗,布施於他人與
       之分享。

    3. 地藏王菩薩誓言的涵義:

       (1)對象方面:為「觀念不正、行為偏差、遭遇不
          幸、生活困苦」之人。

       (2)心理方面:要決心「放下」自己擁有的一切,

「利他」並與他人分享。

(3)內容方面：勿因善小而不為，勿因惡小而為
之，諸惡莫做，即時行善。

(4)精神方面：「誓不成佛」以白話的說法就是
「死而後已」，也就是教育的「誨人不倦」
的意思。

- 無欲空性的觀世音菩薩

1. 人要免於憂慮、免於恐懼、離苦得樂，必須體認
世間一切名利、金銀財寶、榮華富貴等，都是身
外之物。

2. 為了追求這些虛幻之物，才會有憂慮與恐懼，唯
有以「無欲」之心看待凡間事物，才能得到真正
的快樂。

3. 觀世音菩薩的聖詣為「空」，其含義為生老病死
乃自然現象，世間的一切都是短暫，不能永遠擁
有，人要不執著己見，對人事物要以「無我」的
心境去處理，一切以「隨緣」待之而不強求。

4. 自我淨化的四要：拋棄「醜惡」的念頭、去除
「有害」的想法、培養「正見」的信念、力行
「至善」的行為。

　　總結來看，讀者是否覺得這是對神明的重新定義？還是實質上這就是我們找回神明原本的寓意？無論如何，神明帶給人們的影響是真實的，而那影響當然不是怪力亂神層面的「神力」，而是當我們面對神明，直接感受到的人格與神格。

　　所以若是一個完全不懂東方文化的西方人，站在神明面前就無法得到那種感覺。於是認真去想，就真的發現我們身為東方人，當面對神明時，就可以當下解碼到神明背後的「指令」，也就是承接代代相傳的德育香火。

　　本章所列的八種神明分別代表正念、做人、做事以及生命層面的人生道理，每種都攸關我們每天的行為指南，以及當面臨困惑時內心的價值彰顯。直接來說，就是神明的人格神格，會以德育的形式映照成我們遵循的行為準則，也形塑我們的人格。

　　這正是東方文化獨有的珍貴德育，藉由神明體系普及的教化體系，我們要倍感珍惜有這樣的德育寶藏。

# 第七章 情緒管理學：三元節活動

## 本章重點

習以為常的三元節民俗活動，人們都是以看熱鬧的心情看待，但是如果串聯每項活動，對人心潛移默化的效果，就會發現是一本充滿勵志的情緒管理學。

德育教化表面看起來是種種的儀節，諸如對父母盡孝、對長輩尊敬……等等，然而如果只用表面儀式，那就好比在學校念書只求考試高分，卻不懂實際應用一般，這不是真正的教育。真的德育必須「深植內心」，要如何做到這一點呢？

一個是靠從小到大的潛移默化，這部分有賴宮廟及神明所結合的社會香火體系；另一個就是日常生活中的「實踐」。

以現代化的管理學術語來說，有德育的人有高 EQ，不論是與人真心誠意的對待，或者碰到種種的衝突也能包容和體諒，他就是慈悲無私的人。情緒管理能力越高的人，就是越能做人做事成功的人。

而無字之書的德育學習，就是透過日常生活的種種實踐，培養每個人的情緒管理。

## 7-1 三元節與德育實踐

　　有字之書的教育，有所謂的實習課或者建校合作，而無字之書的實習，卻是從小到大、一年四季都可以實習，而這正是開啟民間德育金鑰所看到的兩大寶藏之一：社會香火，包含民間信仰與民俗活動，所扮演的重要角色。

　　日常生活中，我們人人都會參與民俗活動，包含婚喪喜慶以及重要年度節慶，都是民俗活動的一環。

　　從每年農曆一月的春節到年底的尾牙，諸多環節都可以培養我們好的 EQ，例如在親族中如何尊重輩分、如何虔敬祭神等。

　　在本章我們特別要介紹的則是三元節，因為其剛好對應著德育的核心：三生，以及人生的三階段境界。

|  | 三生重點 | 核心意涵 | 說明 |
|---|---|---|---|
| 上元節 | 生活 | 蓄勢待發 | 在事業初期的心理建設 |
| 中元節 | 生存 | 重新奮起 | 在事業中段的檢討及再奮發 |
| 下元節 | 生命 | 永續發展 | 在事業告一段落的心境調整 |

### 期初：蓄勢待發的上元節

期初包含四層意義：一年的期初以上元節為象徵；一生的期初，就是青少年；任何事業或做一件事的準備階段，都屬於期初範圍。在這個階段，要做到做好計畫、迎向挑戰、具備勇氣及建立期許。

上元節廟會活動的意義，在情緒管理上，每個人在一年之始就建立了一種「慎始」的信念，讓自己在人格上具備目標、信心、勇氣、行動、團結、學習等德行，好的開始是成功的一半。

### 期中：重新奮起的中元節

期中也是包含四層意義：一年的期中以中元節為象徵；一生的期中，就是中壯年；任何事業或一件事的期中，就是進行到某個階段，必須審核或修正下一階段進程的時候。在這階段要做到小心謹慎、跌倒再爬起來、再接再厲、利他為目標。

期中是最需要做好情緒管理的階段。一方面可能過程中經歷了許多挫折，要如何不氣餒。二方面工作一段時間後可能開始鬆懈，也可能忘了初衷，這時候都需要好的心靈力量，也就是有自制力，有自我掌控的能力。

而此時也正好對應民間社會情況，七月進入夏季，人心浮躁，缺乏耐心容易和他人發生衝突。另外，也經常有年輕人不注意安全，水上活動時屢出狀況。

## 期末：永續發展的下元節

期末也是包含四層意義：一年的期末以下元節為象徵；一生的期末，就是中老年；任何事業或做一件事的期末，就是任務告個段落後的總檢視階段。

在這階段要做到：

1. **抱著感恩之心**：大三牲敬天謝神。
2. **抱著分享之心**：宴請親朋好友及工作人員。
3. **抱著積德之心**：布施錢財，濟貧救窮。

所有的儀式，若沒有心存敬意，都只是表面工夫。包括子女對父母、學生對老師，有「心」才成禮。而怎樣才能具備真心？真正的情緒管理不是靠「忍」，而是發諸內心的感恩。

感恩之心，要從小培養。透過民俗活動，知曉我們每日的食衣住行，背後有多少人的付出，我們擁有現代的生活，是植基於多少前人的努力。

在臺灣，下元節的活動比較不受到重視，這也是缺少感恩心的現代人比較容易暴躁的原因之一。

其實無論各民族，乃至於西方也有年末的感恩活動，例如臺灣原住民每年的豐年祭是部落大事，歐美各國的感恩節是大節日。在臺灣的漢人，農曆 10 月 15 日的下元節，其實等同「臺灣的感恩節」，讓我們心存感恩，迎接新的一年。

### 三元節整合寓意：一生的勵志書

三元節總和來看，就是一個年復一年系統化的勵志傳承。

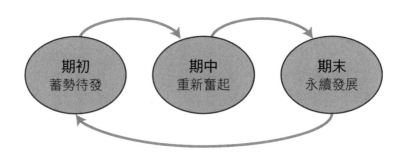

圖 7-1 德育的勵志之道

一個人從小到老，歷經求學、成家、立業、退休，過程中要處理無數的事務，和各式各樣的人互動。事有大小難易，人有百樣個性，還有突發的天災人禍，每天有新的挑戰，有成功也有失敗，如此錯綜複雜的生活，如何維持樂觀進取，有條不紊的處理眼前的人事物呢？

這就需要情緒管理。總結來看，每個人透過蓄勢待發的上元節，建立初心；經歷重新奮起的中元節，可以再接再厲再奮起；最後是期末永續發展的下元節，心存感恩，迎接下一個循環。

三元節活動所傳遞的德行，充滿勵志的意義，也隱藏成功的密碼，參加了三元節的廟會活動，培養這些德行成

為個人的人格，等於閱讀了古今中外勵志的書籍。活用這些德行，就是最好的「情緒管理者」，事不分大小時不分長短，日積月累之後，不知不覺中就得到成功的果實。

# 7-2 情緒管理來自於德育孕育

　　當我們談起德育，對接著做人做事的道理，背後是怎樣的對應邏輯呢？絕對不是像生病去醫院看病那般，發生某種狀況然後醫生對症下藥的概念，而是一種「預先養成」的概念。

　　好比我們談關懷、談慈悲，不是今天看到有弱勢需要關懷，就當下學會要慈悲，而一定是從小到大就已經在心中深植的信念。

　　因此當我們談德育，談的是從小到大的耳濡目染，透過家族以及社會中的身教、言教、宮廟、神明、民間信仰、民俗活動⋯⋯等等，長期累積深植於內心的。

　　其實這也就是香火的意涵，香火是需要傳承的，具體落實在我們身上，就是這些日積月累薰陶後的德誼與情緒管理。

　　前面我們透過用期初、期中、期末的概念，引領人生不同階段的情緒管理，這裡我們也針對幾個重要的情緒管理因子，看東方文化如何做這方面的德育薰陶。

## 勇氣

　　勇氣不是天生的，也不是當碰到事情時被激勵一下，就會有勇氣。勇氣來自於從小的培養，透過宮廟體系及神明寓意，小時候就已經被加強心理的韌性，而在成長過程中，透過不同民俗活動，好比鹽水蜂炮、臺東炸寒單，乃至於野柳淨港等等，在不同的鄉鎮，有不同的培養勇氣機制。

　　古人的智慧中，勇氣還有分不同的類型，好比以任何事情的期初階段來說，要有勇氣去闖蕩，因此像是炸寒單這樣的民俗活動，就可以磨練這樣的勇氣。

　　但到了期中階段，面對的是另一種勇氣，也就是碰到挫折時能夠不被打倒，甚至跌倒再爬起來的勇氣，因此期中階段就有像是搶孤、烽龍這類跟勇氣相關的活動，甚至比較現代的泳渡日月潭，也有這樣的寓意。

## 利他

　　利他的本性，也是德育孕育出來的，畢竟生物的天性其實是競爭及自私，而西方人跟東方人比，也是較重小我而非大我。

　　東方德育從小就開始孕育一個人要懂得利他，包括許多神明寓意教導的，都是無私助人。而透過一生做事，以期初、期中、期末等階段來分，東方很早就將利他融入民俗活動了。

　　好比期初階段，也就是上元節活動，是屬於一種立志；人們習慣在祭神時立誓，如果能夠成功要回饋鄉里。

　　到了期中，也就是中元節，一個重要的活動是搶孤，搶孤非常特別的，我們看一個團隊歷經艱辛，好不容易爬上頂棚奪魁，接著是要享受豐盛的祭禮嗎？結果並不是，爬上孤棚後，接著要做的是分享，所有祭品都要撒下來分給大眾，而這是一開始就知道的，參加搶孤的人，本就是以「利他」的精神去參加活動。

　　到了期末，也就是下元節，這是充滿感恩的時節，許多民俗活動都是植基於「利他」，例如尾牙發紅包，意思就是老闆自己賺到錢，也不忘要分享給一起打拚的同仁，分享就是一種利他。

　　這裡我們僅舉一些情緒管理重要的例子，都能展現出，當情緒發生時已經太晚了，情緒背後的內心教化才是重點。我們舉的是勇氣與利他的例子，讀者也可以舉一反三，從民俗活動間聯想到德育教化的主題。

　　例如前面我們提到的搶孤，除了可以教化勇氣、教化利他外，還有教化什麼呢？其實搶孤背後，跟德育相關的精神還有：

- 信心：要爬竿，且中間有很多險阻，包含竿子本身油滑難爬，且爬到高處有懼高症者視為畏途，這需要信心。

- 毅力：爬竿者會不斷滑下來，有的人爬到一半跌落，再爬上又跌落許多次，若不具備相當毅力，就會中途放棄。

- 分工：搶孤活動不是個人英雄主義，而是以隊伍為單位，看哪一隊先得標。過程中有人要願意扮演後援角色，有人只負責讓人踩著肩膀往上爬，有人負責攀爬中繫繩子……等等，最終鎂光燈拍照下的登高者只有一人，但背後是眾人齊心齊力完成。

- 承擔：每個人的能力不同，有的人比起其他人有更多的資源、更好的天賦，最終他可以承擔比較重大的責任，但他站在高位不是獨享一身光榮，而是要成為那個可以付出最多的人。

　　同樣的，讀者可以舉一反三，從不同民俗活動中，看到不同教化寓意。

　　以下我們也統整一個三元節及其代表寓意的總表：

## 上元節

| 項目 | 活動內容 | 情緒管理 |
|------|----------|----------|
| 拜天公 | 除了祈求天公保佑風調雨順,五穀豐收之外,也要向天公宣誓,要開始工作了! | 有目標與信心,開始進入一年工作。 |
| 迎春牛 | 有摸春牛、鞭春牛、搶春牛等,各地的名稱不同,在意義上卻是一樣,告訴百姓該是春耕的時候。 | 開始行動進入一年工作。 |
| 放天燈 | 點燃一盞盞天燈,許下願望,看著燈飛上天際。 | 設立目標,建立期許,打造勵志新希望。 |
| 猜燈謎 | 抽獎是其次,重點是挑戰自己,用短短的文句闡述一個謎題,讓大家動動腦。 | 鼓勵上進學習。 |
| 七彩花燈 | 張燈結綵,喜氣洋洋,整個鎮中心都是七彩霓虹,美麗也充滿創意。 | 以歡欣鼓舞精神飽滿,樂觀的迎接一年的挑戰。 |
| 炸寒單 | 主要在臺東舉辦,隨著寒單爺出巡,濃濃的硝煙下鞭炮震天價響,震耳欲聾。 | 勇於面對來自四面八方不可預期的挑戰。 |
| 野柳神明淨港 | 抬著神轎,勇氣十足的直接跳進寒冬的海水裡。 | 水裡來、火裡去都不怕的勇氣。 |

| 炸蜂炮 | 主要在臺南鹽水舉辦，人們要穿越一座又一座的炮城，無畏炮炸勇敢前行。 | 另一種水裡來、火裡去都不怕的勇氣。 |
| 乞龜 | 信徒得到神明答應。將「麵龜」請回和家人分享，保佑家人在未來的一年平安健康。 | 信心十足的迎接的新一年。 |
| 吃元宵 | 家人團圓一起吃元宵。 | 家人團聚以及準備開工。 |

## 中元節

| 項目 | 活動內容 | 情緒管理 |
| --- | --- | --- |
| 開鬼門 | 農曆七月初一俗稱「鬼門開」，盛大舉行「開鬼門」的儀式。 | 提醒人們，提前部署防災的準備，可以減少天災的傷害。 |
| 捉交替 | 在七月的時候，長輩人們利用各種機會，對年輕人一再耳提面命，提醒出外要注意安全的主要說詞。 | 讓人打從心底就產生戒心，隨時以安全至上自我警惕不可大意。 |
| 普渡 | 每年農曆七月習俗繁瑣，中元節祭典為祈求消災解厄，諸事順利平安。 | 走出悲傷，為亡者祝福，為生者撫慰及打氣。 |
| 放水燈 | 普渡法會最後一個儀式，透過放水燈的活動，送走製造災難的孤魂野鬼，也讓悲傷放水流。 | 給人們心理建設，重拾信心，奮發再起。 |

| | | |
|---|---|---|
| 義民祭 | 每年義民祭時，會有千百信徒手持「褒忠義民香旗」（黑令旗）到義民廟過火，引神回家供奉，祈求平安。 | 安定人心，可以專心工作。 |
| 城隍爺出巡 | 各地儀式不同，一般在中元節六將爺依序出廟，向城隍爺參禮後，列於廟埕待城隍爺神轎出廟後出發。 | 安定人心，信徒祈福及感恩照顧。 |
| 搶孤 | 頭城和恆春搶孤儀式不同，但都是要挑戰難關爬上高高竹梯，取得勝利。 | 1. 重點在大愛，以利他為目標。<br>2. 培養毅力，勇敢嘗試不怕失敗。 |
| 關鬼門 | 七月三十就是「鬼門關」，經過祭祀後回復正常生活。 | 不再害怕恐懼，可以繼續努力。 |

## 下元節

| 項目 | 活動內容 | 情緒管理 |
|---|---|---|
| 敬拜天公感謝三官大帝 | 以最好的收成敬拜上天，禮成後也會是親友聚餐時刻。 | 雙重感恩<br>1. 感恩風調雨順、國泰民安。<br>2. 感恩親友一年來的扶持。 |
| 年終分享 | 尾牙時候老闆發紅包，宮廟祭祀後也會做分享。 | 大家有福同享，明年要一起來打拚。 |

# 第八章 德育實踐的地方落實

## 本章重點

綜合第一篇的基本德育論述，以及第五、六、七章的層層德育傳承，具體落實到生活應用，就是齊家、治國、平天下，本章重點強調「因地制宜」的民俗活動，並以五分王家為例證。

　　想一想，我們一個人從牙牙學語到最終融入這個社會，並且打造成這個社會的菁英，這中間是怎樣的成長歷程？

　　這就是香火傳承的歷程：植基於這塊土地上歷代祖先的教誨，並且吸收在地的文化養分，建立知識體系以及人格體系後，才能成為一個對這世界有貢獻的人，也就老一輩常說「有路用的人」。

　　相對於現代我們稱有字之書教育為「學院教育」（包含十二年國民教育及大專和研究所教育），我們可以稱無字之書的教育是庶民教育，透過民間信仰、民俗活動等，達到教化人心的目標，其中德育的部分，也就是跟人人道德操守相關的公民篇。

## 8-1 雙線併進的人格養成教育

常態來看有兩塊平行的教育發展線：

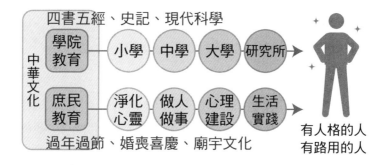

這兩條線並不是二選一的概念，而應該是二者同時並行，古早時代，因為大環境因素，只有極少數人得到完整的學院教育，但大部分人都有機會受到完整的庶民教育。現代人本來有機會充分吸收兩種教育，卻因時代變遷，逐步有自斷武功的現象，變成專注在學院教育，反倒疏離了庶民教育。

### 走動互動活動的實踐之道

什麼是庶民教育？就是任何人不分貧富貴賤，一旦出生在這塊土地，接受到教育薰陶，不論有沒有錢去學堂，

或是否有天賦資質,都不影響他從呱呱墜地開始,就啟動延續一生的庶民教育。

其中幾個重要環節,包含:

- **淨化人心**:讓人明辨是非善惡──宮廟。
- **做人原則**:學習做人做事道理──神明。
- **做事準則**:掌握人生成功之道──三元節。

以上綜合論述來說,都屬於「知道」的範疇,但德育更重視的是實踐。事實上,比起學院教育整體以「知道」為主,庶民教育則是以「實踐」為主,整個長長的一輩子,我們應該都不間斷地修習及落實「無字之書」,這也是在第八章要比較深入說明的關於德育的實踐之道。

所謂實踐包含由小到大,先是個別家庭,逐漸拓展學習腳步到家族、宗族、鄉里以及社會:

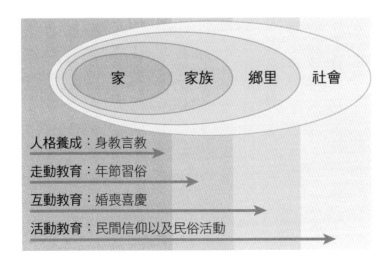

　　本章談德育實踐，以臺北內湖五分地區的王氏家族為範例，可以從這個範例一探整個臺灣過往以來的德育教化。

## 8-2 由五分王家的民俗活動
## 　　看無字之書如何教養子民

　　我們來探討一個問題，在先民來臺篳路藍縷，連拚搏生計都很困難，更遑論給子女正式的學堂教育了。在這樣的環境背景下，如何做到教養傳承呢？

　　就以臺北內湖五分地區的王氏家族，從西元 1756 年到 1900 年約 150 年期間，在沒有學院可以教導子弟讀書識字的情況下，是如何做到讓子弟們「不知書卻達禮」的？讓我們一起來探索這背後的答案。

　　以下我們以東湖五分王家為例，介紹一些在地的重要特色習俗。重點有兩個：

1.　不同的鄉鎮村里（古早時候尚未有行政劃分，則是一個個族群聚落），有因應在地風土民情的無字之書特色。
2.　雖然不同地方有不同的無字之書教育方式，但最終目的，都是要帶給人們德育的學習及落實。

　　因此，當我們以五分王家為學習範例，也可以舉一反三思考著，不同的鄉里如何透過不同儀式、祭典或習俗傳承德育？好比說勇氣這個德誼，在基隆、屏東恆春、臺東

市等不同地方，有不同的呈現形式，在東湖五分也有勇氣的教育活動，也就是過火儀式。

從五分王家可以管窺天下，了解全臺灣的德育無字之書教育。

## 堂號：開閩

現代的年輕人，真的都把老祖宗的智慧拋棄了嗎？其實也不盡然，只是接觸得的確比較少，需要多跟長一輩互動，認識自己的淵源。

有一年，在我們王氏家族年度重要祭祖的日子，那回一起參與祭祀的，就有我們宗族裡的年輕人，我問他們，知道在王氏家廟裡出現的「開閩」二字是何義嗎？其中一位倒也說得出來，他說是堂號的意思。

很好，這代表這位晚輩有基本的文化素養。但我接著問，那麼以「開閩」做為堂號的寓意是什麼呢？後生此時就答錯了。他答，這是我們出生地的意思。

的確，大部分堂號的寓意就是出生地，例如同樣是王姓的太原堂，一看就知道源自中原地區的太原（位於現在中國山西省）；另外李姓的隴西堂，則源自甘肅一帶。但以我們五分王家來說，「開閩」這個堂號所代表的，並不是地理概念上的發源地。

什麼叫堂號？如果大家原本都處在一個地方，世世代代繁衍，那其實比較不需要堂號，之所以有堂號，就是因

應歷史動盪，不同的時代有著各類的戰局或經濟變遷，使得人們必須拋棄原本家園，遷居到新的地方，甚至遷居到千里之遙。以過往的交通條件來看，這一遷居，他們根本就是難以重回老家了，例如最遠的遷居，就是許多百姓來到臺灣。

遷居過程一定會讓大家無法相聚在一起，甚至分散各地，但此時只要有了「堂號」，就可以讓不同時間到達的移民，可以辨認自己的宗親，得到暫時的照顧。久而久之，堂號成了姓氏宗親聯誼的代號。

東湖五分王家的堂號是「開閩」，這是比較特別的，如同第四章做過相關介紹，有關開閩王的故事，而五分王家的堂號，就是指「我們是開閩王的後裔」。

我們要強調的是淵源流長的精神，開閩王王審知的年代距今超過一千年，而由開閩王往上追溯王氏發展源頭又是幾千年。

無論經歷過怎樣的時代變遷，那背後的文化傳承從未中斷，歷代以來，有的祖先可能受過師塾學院教育，大部分都只是庶民教育，亦即本書一再強調的無字之書。

看到堂號，想到自己小時候長輩教導我們的人生道理，可能千年以前，另一個王家小孩也聽到一模一樣的身教言教，就覺這樣的傳承實在偉大。

### 王合和祭祀公業

關於祭祀，現代人比較知道的，屬於家族本身的祭拜，諸如祭拜祖先、長輩的忌日等等。但在過往大家族時代，祭拜是屬於整個宗族的事，以東湖五分王家來說，這裡成百上千同宗族的人，我們有個祭祀公業，稱為「王合和祭祀公業」。

王合和不是人的名字，而是取合作的「合」及和諧的「和」，作為祭祀公業的名字，希望子子孫孫時時刻刻銘記在心，與人合作資源共享，和睦相處創造和諧的社會，大家才能安居樂業。

清乾隆丙子年西元 1756 年，王團圓公為了後代子孫能夠溫飽，自金門后盤山冒著生命的危險，來到臺北內湖五分地區開墾新的耕地。經過數十年的努力，到了第三代，就在五分地區開墾良田數百甲。

樹大自然就會分枝，王團圓公有四個兒子，因此就將數百甲的土地分成五份，每個兒子分一份之外，還有一份做為祭祀公業，取名為「王合和祭祀公業」。

祭祀公業由四大房的四位長孫，或受尊重的長者負責管理，四大房的長孫一起居住在以宗祠為中心的四合院，其餘子孫為了耕作方便，則分別居住在各自所分配的土地。

祭祀公業有四大功能：

- 提供興建及修繕公廳公墓的費用。
- 祖先祭祀及辦理餐會聯絡子孫感情。
- 請「先生」教育子孫。
- 救濟窮苦或急難的宗親。

家和萬事興的傳統觀念，以成立祭祀公業而具體落實。由於祭祀公業係以財產的生利，作為辦理活動的費用，只要財產不被變賣，是可以永續經營，所以王合和祭祀公業已經成立 200 多年，傳承十代以上，目前數千人的後代子孫，都還受惠祖先的恩德。

清朝末年之後，宗族的概念逐漸淡薄，由於祭祀公業的財產，只要管理人同意就可以變賣，因此臺灣有許多祭祀公業的財產，被少數管理人侵吞。政府為防止弊端的上演，希望以宗親會的社團法人替代祭祀公業，因為社團法人的財產處分，必須經過會員大會的同意之後才能夠處理，目前王合和祭祀公業也開始有人提案成立社團法人。

## 番仔新山的啟示

在東湖地區有一個臺北市著名的賞花賞螢勝地，叫做內溝溪，其中賞螢步道所經過的丘陵地區，舊地名稱之為「番仔新山」，顧名思義，就是在王團圓公到五分地區開墾的時候，平地上散居著原住民，為了墾荒方便，就在內溝溪旁蓋新的部落，請原住民搬遷到新房居住，這地區就

稱為「番仔新山」。

　　王團圓公一家人來到五分地區開墾，在全部使用雙手工作的時代，只有一家人並不足以完成有規模的耕地，而既然漢人有工具有技術，原住民有人手，何不彼此合作來打造好的成果？

　　開墾好的耕地，就教導原住民耕作，收成之後雙方依比率分享。年度收成好，大家都分到更多的收成；年頭比較不好時，也一樣大家都有相應公平的分成，這正是典型「有福同享」的概念。

　　王團圓公以相互尊重、共享利他的原則和原住民互動，原住民因為有新房可居住，墾荒有錢可賺，又可以分享耕作的收成，因此原住民和王團圓公一家人彼此合作，並沒有漢人與原住民衝突的現象。

　　在原住民的幫忙下，大約以 30 年左右的時間，就在五分地區開墾了良田約數百甲。

　　這裡也要傳達的德育寓意，分享與和諧。世上為何這麼多紛紛擾擾？就是因為爭，特別是資源有限，就有更多的計較與不快樂。

　　如果個人和個人間都是如此，更何況族群與族群間。從小就要養成共享的概念，想想這個世界我們看到的一切，包含空氣、陽光與土地，是我們與生俱來就擁有的嗎？既然土地不屬於你也不屬於我，那就一起來耕耘，有福同享吧！

## 黃石公契子

這真的是我們東湖王家的特色，最原始的由來應該是山頂的落石，這部分不可考，總之，因為天降奇石，後來就有了一間石頭公廟。這廟後來逐漸現代化，被稱作黃石公廟，但是在我們的成長期間，這個石頭公有著重要的寓意。

我們家族的男孩在滿二十歲前，年年都要來拜石頭公，並且成為石頭公的契子，有像石頭公一樣的堅強之意。我們會拿到一條紅絲線，上面掛有銅錢，結合儀式，象徵一種人和神的契約，並且這約年年一換，所以每年都要去祭祀，然後把舊的紅絲線換成新的。

這個儀式的寓意，主要就是提醒我們，要重視大自然，特別是現代化科技，造成很多人誤以為「人定勝天」，這個儀式提醒人們，在大自然面前要謙卑。

## 結拜兄弟會

我在青年時期，東湖地區依然有著結拜兄弟會這樣的地方風俗。顧名思義，所謂結拜兄弟會，自然要有一個「結拜」的流程，也就是幾位好朋友，少則三、四位，多則超過十位，彼此心意相通，願意在神明前立誓結為兄弟，誓言日後有福同享、有難同當。

時至今日，雖然現代社會已有各式各樣的組織，像是

國際組織如獅子會、扶輪社，或者地方上的各類協會、民間社團乃至於幫派等等，但這些現代化後的「社團」，其成員和成員間的關係，遠遠比不上從前「結拜兄弟會」間的緊密互動。

可以說基本上，結拜兄弟會，彼此間雖不是血緣上的親兄弟，但在心理認知上，卻比照親兄弟般那樣慎重。

結拜兄弟會，有兩個重要的影響：

第一，藉由兄弟互相打氣及學習，有助自我成長。

第二，藉由資源結合，透過互相幫助，有助於未來發展。

## 農忙時的相換工

農業在春耕和秋收之時，必須在最短的時間之內完成插秧或收割，才能確保秧苗長得整齊又長得好。尤其是收割時，要把握最佳時間點，太早收割成熟度不足，太晚稻子過熟會掉落，都會影響收成的比率，因此在以往，東湖地區的不同人家，會彼此協調互相幫忙。

假定有林、王兩家，這兩家雙方就會協調，大家把插秧和收割的時間稍微錯開，林家先收割的話，王家人男女老少便會全體動員去幫忙，換王家收割時，林家也是全家族成員過來幫忙，彼此不支付工資，也不計較幫忙的人數是否相當，這就是傳統上富人情味的「相換工」。

## 土地公筊杯選爐主

土地公廟之所以能夠營造和諧氛圍，還有一個很重要的因素，那就是不以選舉的方式產生「土地公會」會長，而是以倫理方式，由資深的長輩擔任，以避免選舉相互攻擊造成分裂。而廟會活動的爐主，則是以「筊杯」的方式由土地公決定。先民的智慧，營造出東湖地區各個族群200多年來的和諧相處。

## 往生法會的祭祖

五分王氏家族的祭祖，指的是在宗親往生法會圓滿之後，住在同村落的宗親，每戶準備三牲到法會現場祭祖，祭祖對象為始遷祖來臺之前，自大陸移居到金門的歷代先祖。

由於我們飲水思源，祖先既然來自金門，因此當五分王家祭祀時，祭文上會標明始遷祖在金門的地址：福建省泉州府金門 19 都打石後半山頂井厝（後半山即現在的后盤山）。解除戒嚴後，王家也不定期組隊去尋根，例如 1995 年就曾組團赴金門尋根，到王氏宗祠祭祀及參觀「頂井」。

金門的土地貧瘠，身歷其境才能體會先祖為了後代子孫的溫飽，而冒著生命危險離家背井，移居臺灣的苦心。

## 十五人媽祖會與媽祖遶境

當年王團圓公將田產分給子孫後，子孫為了耕作方便，就近居住在分得的土地上。為了感恩媽祖的保佑，並凝聚後代子孫的感情，王團圓公從金門帶來媽祖的香火，就以第三代十五位的孫子輩為主，成立「十五人媽祖會」，每年媽祖聖誕時，舉辦遶境活動，遶境的範圍就在王家所有的田園。

感恩媽祖的遶境活動，由「十五人媽祖會」主辦，十五人輪流當爐主，透過每年聚在一起籌辦遶境活動，宗親們常有機會互動，達到聯絡感情的目的。

每年五分地區的媽祖遶境活動，是王氏家族的重要日子，全宗族的人都要參與，活動結束後，家家戶戶舉辦流水席，宴請親朋好友。除了自家所供奉的媽祖之外，還要邀請關渡媽祖、內湖碧山巖的開漳聖王、汐止的保儀大夫、南港興南宮的媽祖以及社后金龍寺的觀世音菩薩，一起來參加遶境祈福。

## 三界公慶典與邀請土地公看戲

單純以三界公慶典本身來看，這是一個慶祝三官大帝聖誕的民間習俗，但結合背後的寓意，卻看出生活的智慧，五分王家就是一個最佳的範例。

在初民墾殖年代，內溝溪因為上下游有著漳、泉不同族群，早年和臺灣各地的漳泉械鬥一樣，難免為了爭奪水

源灌溉農田而有衝突對立。為了消弭械鬥發生，希望大家
能有序的使用內溝溪水資源，便將內溝溪流域的土地，自
五指山到基隆河止，分成大邱田、水尾潭、山後、崎頭、
火炭坑、五分等六個區塊，每個區塊蓋一間土地公廟，每
間土地公廟成立一個土地公會，六個土地公會聯合成立一
個「內溝溪三界公會」。

　　每年在下元節水官聖誕的時候，東湖內溝溪流所在六
個土地公會，輪流主辦三界公慶典活動，負責主辦的區
域，辦桌宴請其他區域的親友，今年你請我、明年我請
你，如此互動建立深厚感情，以協調方式和諧使用內溝的
水源。另外，輪值主辦的土地公廟，要邀請其他五個土地
公來看戲。

　　從五分王家的範例，就可以看到先民如何創造「和
諧」的境界，以輪流辦慶典活動的方式解決漳泉械鬥。慶
典活動還有幾項意義，慶典要設壇禮聘道士作法會，以全
豬、全羊、活魚的大三牲敬拜天公，家家戶戶也要自備小
三牲到會場參拜，感恩天公風調雨順，國泰民安。因為舉
辦是在已經秋收季節，活動和原住民的豐年祭、美國的感
恩節有著相類似的意義。

　　提起三界公以及背後的和諧寓意，這裡要介紹另一個
和諧的案例，那就是大家熟知的板橋林家花園以及林本源
家族。其實「林本源」並不是一個人名，而是當年林家
先祖的智慧，遺囑取「飲水本思源」之義，將家產分為

「飲記」、「水記」、「本記」、「思記」、「源記」五記,後來「本記」、「源記」兩部分的商記合併為「林本源」,遷居臺北板橋,也就是今日所稱的林本源家族。

但是林家卻世世代代繁衍,那是因為從祖訓中,林家兄弟就做到互助合作,並且與族群為善,在清朝年間就選擇用漳泉合辦教育、創立義學的方式,來消弭漳泉械鬥。

### 土地公聖誕

土地公可以說是最親近人間的一個神了,直到今天,臺灣最普及的廟宇仍然是土地公廟,甚至在山間轉角的山洞,只要擺個石頭刻些字,也可以是間土地公廟。光以東湖地區來說,不同的土地公廟就有不同的設立背景:

#### 1.為消除漳泉械鬥而蓋的土地公廟

如前所述,居住在五分及內溝地區的漳州和泉州人,後來協商在內溝溪流域劃分六個區塊,每個區塊蓋一間土地公廟。

#### 2.為敦親睦鄰而蓋的土地公廟

俗話說:「住家要有好鄰居,耕田要有好田邊。」目前座落在東湖四號公園的福生宮土地公廟,原來此廟是蓋在王家和林家兩家田地相鄰的地方。

其用意之一,就是透過早晚到土地公廟上香祈福,以及一年中幾次的土地公慶典活動,讓王、林兩家族彼此互

動、日久生情，而達到敦親睦鄰的目的。

### 3.為祈求平安而蓋的土地公廟

在日據時代，五分及內溝地區有煤礦，由於挖煤是一件風險很高的工作，進入礦坑是否能平安回來，礦工們只有祈求土地公的保佑了。所以每個礦坑都有蓋一間土地公廟，安泰街底的水源頭土地公廟，就是礦工們的信仰中心。

目前在安湖里的土地公廟，是因為 1980 年左右附近興建公寓，為求工程順利、人員平安，而請了一尊土地公放在工地旁，供工作人員敬拜，後來經過幾次的重建，才有了如今的規模。

### 法主公慶典

法主公信仰，從前流行於福建的福州、泉州、漳州，以及廣東的潮州、梅州等地，後來也一脈相傳來到臺灣，是早年墾拓時期很重要的心靈寄託，在東湖地區也成為在地的重要神祇。而跟法主公相關的祭儀及民俗節慶，也是東湖地方上的大事。

每年農曆七月二十三日法主公聖誕時，會舉辦過火儀式以彰顯神威，在道士的祈福下，信徒懷抱神明，赤腳踩過燃燒通紅的木炭，相信神明會消災解厄保平安，儀式後舉辦餐會，再次互動交流。

餐會結束之後，家裡有「添丁」的會員，贈送每位會員一個大紅麵龜，等於藉機會告知大家，我們王氏家族又增添了一位成員。

### 初一、十五犒軍

「犒軍」絕對是東方文化特有的習俗，在西方各種宗教都沒有類似的儀式，但其實犒軍在東方也不屬於宗教，只是因為融入了民間的釋、儒、道，也就成為了民間生活的一部分。

以民俗內容來說，「犒軍」的「軍」乃是指天兵天將，但實務上，讀者閱讀至此也應該知道，民間習俗的內涵，其實是孕育著德育的意義，犒軍也是一種感恩的意思，每個月藉由這樣的儀式，提醒人們要感謝天感謝地，也感謝身邊的人。

在東湖很久以來就有犒軍的儀式，只不過對象並不是哪方的天兵天將，而是泛指在這塊土地上，百年來曾經因戰爭而失去生命的孤魂，但同樣的，也是藉由這樣的儀式，提醒鄉親們要時時感恩。

# 8-3 一本完整的公民課本

　　最後綜合論述本章，我們雖然是以東湖五分王家為例，但同時也具體而微的，由一個村里小地方看出整個臺灣的共通性。

　　我們可以看到自 1756 年至 1900 年約 150 年期間，五分地區的王氏子孫，雖然因為環境因素，當時沒有學堂可以讀聖賢書，然而透過一系列的民間信仰、民俗活動等等，卻也依然可以達到教化子孫的目的。藉由這樣子的方式，促進了鄰里間的和諧，以及更高層次的跨族群融合氛圍。整個東湖五分地區，也在這種安居樂業的環境下，可以成長茁壯。

　　從五分地區也照映出臺灣的各個鄉鎮，類似的德育發展故事，沒有透過學堂，那就是以無字之書教化為主力，也可以讓道德教育落實。從五分看臺灣，正可以看到臺灣德育教化的傳奇。

　　本章最後我們也以五分王氏家族為例，表列一年四季會舉辦的習俗與禮俗活動。

## 五分王氏家族實踐德育總表

### 走動教育（年節習俗）

| 項目 | 活動內容 | 德育目標 |
|---|---|---|
| 春節祭儀 | 拜天公 | 感恩上天，也立定一年的目標。 |
| | 發紅包 | 傳承喜氣，也傳遞讓子孫尊重及感恩長輩。 |
| 祭祖 | 準備三牲到法會現場祭祖，祭祖對象為始遷祖來臺之前，自大陸移居到金門的歷代先祖。 | 飲水思源。 |
| 犒軍 | 以菜飯路祭二次大戰時陣亡將士。 | 表達感恩以及放下仇恨。 |
| 流水席 | 家家戶戶都會舉辦流水席，宴請親友。 | 親友友善互動的具體行動。 |

### 互動教育（婚喪喜慶）

| 項目 | 活動內容 | 德育目標 |
|---|---|---|
| 訂婚 | 東湖在地習俗，喜餅禮盒的贈送對象。 | 彼此互動促進感情的交流。 |
| 孤鸞年 | 嫁出去的女兒，春節要回娘家，否則三年內不能再回去。 | 維繫婆家娘家感情不墜。 |

| 替女婿慶生 | 女婿逢十生日，娘家要為女婿慶生。 | 提醒要相互惦記。 |
|---|---|---|
| 喪禮 | 自往生到出殯，喪禮的禮俗很多。 | 彼此的倫理關係以及要嚴守的紀律。 |
| 收涎 | 小孩四個月的時候，要用餅乾掛在脖子上，到村落中的親友家幫忙收涎。 | 再次認識家族的成員。 |

## 活動教育（民間習俗）

| 項目 | 活動內容 | 德育目標 |
|---|---|---|
| 上元節拜天公 | 一家老少共同參加祭儀，也宣告假期結束準備收心，開始要正視讀書工作。 | 慎始，立志開始一年的使命。 |
| 七娘媽生 | 每年農曆七月七日的活動。 | 潛移默化中觸動年輕人趕快成家的念頭。 |
| 中元節 | 普渡祭典。 | 提醒禁忌，以及安慰生者心靈，敬天敬神，工作更加戒慎。 |
| 下元節與三界公慶典 | 以全豬、全羊、活魚的大三牲敬拜天公。 | 感恩風調雨順、五穀豐收。 |

## 德之育總覽大綱

| 主題 | 重要項目 | 德育重點 |
|---|---|---|
| 淨化心靈的廟宇 | 宮廟的建築<br>宮廟的裝飾<br>宮廟的神明<br>宮廟的科儀<br>宮廟的法會<br>宮廟的廟會 | 安定心靈<br>淨化心靈<br>人格養成<br>敬畏神明<br>安定人心<br>實踐德育 |
| 教化人格的神明聖詣 | ・ 神明：我們的人間導師<br>・ 八大神明圖騰體系 | 有教無類的彌勒佛、寬和堅忍的王母娘娘、戒貪的土地公、力行五倫的恩主公、目標信心行動的媽祖、感恩分享的三界公、誨人不倦的地藏王菩薩、布施空性的觀世音菩薩。 |
| 情緒管理學：三元節活動 | 蓄勢待發的上元節 | ・ 目標設定：放天燈。<br>・ 士氣營造：戲春。<br>・ 勇氣培養：炸寒單、神明淨港、炸蜂炮。<br>・ 不斷學習：猜燈謎。 |
| | 重新奮起的中元節 | ・ 注意安全：鬼門開。<br>・ 止痛療傷：普渡活動。<br>・ 不屈不撓：搶孤活動。<br>・ 重新出發：放水燈。 |
| | 永續發展的下元節 | 抱著感恩之心、抱著分享之心、抱著積德之心。 |
| 庶民教育公民篇 | 東湖五分王家實例 | 驗證民間信仰、民俗活動的意義。 |

第三篇

# 德之失

## 探尋寶藏為何到現代逐漸逸失

本篇做為過去跟未來的環節，我們要聚焦及提醒
讀者，前面我們提到的德育寶藏，那些「曾經」
帶給我們一代復一代的無字之書德育傳承，已經
逐漸受到西方價值觀影響，逸失很多，甚至有的
都已經被徹底遺忘了。這不僅僅是一種回憶式的
感嘆，更是對現實生活產生了負面的影響，具體
來說，臺灣原本諸般美德已經不復見了。
曾有的美好，如何消失？本篇用四個章節分不同
層面來敘述。

# 第九章 失根的德育

## 本章重點

做為德育傳承基礎的幾個主要源頭，紛紛在現代化中面臨斷鏈危機，並且以家族為根的這個主脈，被層層剝離，現代人失根，社會也就失序。

　　右邊這張圖，是整合第一篇的基本觀念，跟第二篇的德育教育內容，共通形塑的德育模式，也可以說就是「德育的過去」。

　　圖中由上至下是一個環環相扣的「系統」，換個角度來說，只要這個系統的任何一個環節發生問題，就會讓整個系統卡住，最終，想要達成的結果就不會實現。現今的社會，只重視圖左半部的「有字之書」教育，卻切斷了右半部「無字之書」教育，於是系統就不完整了。

　　進一步說明，累積千年的一套東方德育體系，因為植基於厚實的底蘊（中華文化），建立在代代相傳的地基（宗族制度）、鏈結著每個人從出生到入社會後的每個環節（習俗、禮俗、風俗），而有著穩固的無字之書傳承，並且渡海來臺後，青出於藍勝於藍。

　　在過往官方教育不普及的年代，這套庶民教育是德育

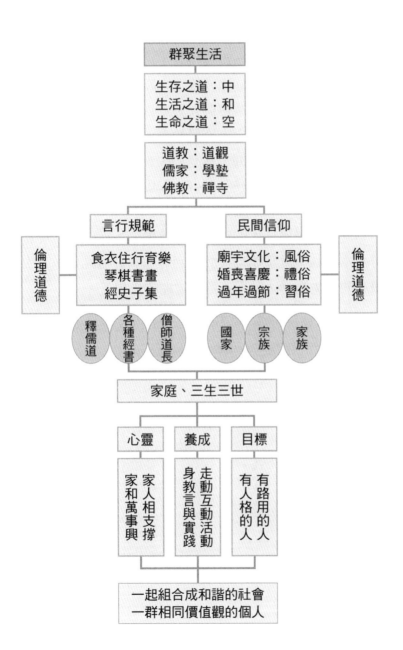

主力，而到了近現代，也是和有字之書所代表的學院教育併行不悖，而且有相輔相成效果的最佳德育體系。

　　然而這套應該做為每個人終身教育雙主線（亦即有字之書學院教育、無字之書庶民教育）的軸心重點教育，卻面臨了被忽略、被壓抑，甚至被抹殺的危機，並且表現在從家庭到社會的各個環節，形成現代「失根、失質、失靈、失能」的多面向滅失。

　　甚至這不僅是「即將面臨的危機」，而已是「現在進行式」，結果就是如今人們看到的種種社會亂象。其中最根本的滅失斷鏈，就是本章要論述的失根。

## 9-1 為什麼失根？

「生命的意義，在創造宇宙繼起之生命。」這句話是許多人可以琅琅上口的名言，但如果不去真正正視以及落實，那就真的失去意義了。不只不懂生命的意義，也會因此生活得沒有意義。

人們常說失根的一代，因為內心沒有寄託，不知道活著的意義是什麼，所以在西方，有存在主義以及虛無主義等哲學。但其實在受西方影響前，東方是有根的，那個維繫著千百年傳統，讓大家不失根的觀念，就是「香火」。

或許除了士大夫以及少數知識分子，知曉各種經典論述外，絕大部分的百姓都不懂什麼人生大道理，但無礙於接受無字之書的薰陶，人人都知曉香火的重要。不僅知曉，而是深入骨子裡，成為三生三世的重心，並且以家庭為德育核心，讓香火相傳。所以一個家族，能夠老吾老以及人之老、幼吾幼以及人之幼，祖輩、父輩、子輩、孫輩以及姻親可以和諧相處，既守護倫理，也守護香火以及香火代表的血脈。

如今受到西化影響，講民主、講自由、講人權，不幸在強調「個人」重要性的同時，也淡化了香火。

或許很多人覺得，現代人不是依然會生養小孩嗎？只

是這件事已經變成了成家後的一種「選擇」，而沒有自古以來那種必須香火傳承的「使命感」。

如果生養小孩只是一種選擇，無關香火，其結果就是帶來少子化。香火延續觀念淡薄，加上都市化後子女離家，讓傳統家族分崩離析，也斷了家族和諧以及原本背後可以支撐我們奮鬥的力量。

另外，少了香火觀念，每個人感覺上很自由，卻也很空虛。一旦沒有香火傳承的義務，也就帶來了種種的家庭問題：離婚率高、教養問題、單親家庭問題等等。不重視香火，夫妻間吵架後可以輕易離婚，未婚伴侶也因為沒有香火傳承責任感而選擇不婚，這就是晚婚族、不婚族以及離婚率高的背後重要原因。

有些事情我們現代人看了覺得理所當然，其實背後代表著嚴重的疏離。舉例來說，現代有些長者抱怨自己的兒女沒空照顧小孩，都交給老一輩的幫忙帶。

然而這些老一輩卻忘了，在千百年以來，家族世世代代呵護香火延續，帶孫是很自然的事，到現代卻因為受西方觀念影響，不把帶孫當成是職責，反而當成是負擔。於是從老到小，統統都失去了香火傳承的概念。

這其實非常可怕，因為原本的德育傳承，是透過家族血脈的持續綿延，上一代會將德育觀念傳承給下一代。如今就連老的一代也已經失去香火傳承的使命感，無怪乎晚輩們也根本不重視香火，這就是失根。找回失根的源頭，

就是找回重視香火的價值，並且那是家族共通的價值，也是生命的「意義」。

男女為何要結婚？以生物性來說，本就是傳宗接代、讓基因延續的目的，中國的德育結合生理本能，在家族教養下，男大當婚、女大當嫁，生養子女、延續香火，並且由整個家族一起互相照顧、守護香火。

不僅一家一族如此，這也是東方人共通的想法。直到今天，我們依然習慣在參加婚禮時，祝賀新人早生貴子，也祝賀男女雙方家長早日抱孫，可見習俗依然在，只是人們淡忘了背後的意義。

失根的關鍵，在於「心」的想法，這件事不需要牽涉到繁瑣的制度變革或儀式，只需找回原本正確的觀念，改變只在「一念間」。

找回香火傳承的意義，也就找回生命的意義，活著不再虛無。其他包含少子化、高離婚率，以及衍生出的社會治安敗壞問題，也得以一一化解。

## 9-2 家庭與五大失根

　　在家庭這個環節失根了，過往三代、四代乃至於五代同堂的基本家庭單位，背後家與家間形成一個彼此扶持照顧的關係，可以照顧全家族由襁褓到銀髮的每個人。如今這樣的架構已經被破壞了，在臺灣已經很少見到，更別說是家族形成宗族，以及更大族群間的融合了。

　　原本大家庭主力的架構崩塌後，產生了五大失根：

### 一、失去承先啟後的人生目的

　　如前所述，每個人應該不是單獨存在的，而是隸屬於家族的一份子，並且人人都負有傳承香火的使命。在不同階段有不同的使命，小時候跟長輩學習德育傳承的智慧，到了適婚年齡就擔任傳宗接代的主角，婚後照顧好子女，而整個家族也會協助呵護香火。到了年紀更長，子女也長大後，就負有協助子女傳承香火的使命，代代如此。

　　就算特殊狀況，例如有人天生無法生育，或者因傷殘等特殊原因無法結婚，他們也依然隸屬家族，本身不論單身或傷殘，都會被家族照顧，他們依然可以協助教育子孫，為香火傳承盡心盡力。

　　如果香火不再重要，那麼前述的一切都將失去意義。

不論祖輩或子輩都變得疏離，生活空虛孤單，當失去承先啟後的人生目的，人生只為了賺錢，當然就很空洞，整個人都迷失了。

## 二、失去了德育的養成場所

德育的養成場所，整體來說，可以分成家族內以及家族外兩大部分。大部分的人在成人以前，受到家族內的德育影響較大，成人後則主要是接受外在社會的影響。而在家族內與家族外之間，則有宮廟神明系統，以及結合成功之道的民間習俗系統。但如今家族內的場域不見了，家族外的場域則是變質了。

家族內的場域，原本在大家庭環境中，宗族長輩會教育孩子，不同年齡層的孩子會彼此互動，提前體驗社會樣貌。家族場域也是落實五倫的場域，可以從小學習兄友弟恭、尊敬師長、倫常輩分、宗族祭祀禮儀，以及融入其中的忠孝節義等德育。

以上可以落實德育的場域，都因為大家庭制度的崩解而消失，而在小家庭環境中，卻無法得到這些德育教育。

## 三、失去德育的中心思想

德育要養成怎樣的人？要養成有人格、有路用的人，並且最終的目的是追求和諧社會，以及對個人來說是成就三生三世的意義：仰不愧於天，上對得起祖先；俯不怍於

人，下對得起子孫。

但崩解後的家庭，也讓三生三世幾乎斷了連結，就連在世的祖輩，一年中都難得探訪幾次，更別說是其他親族長輩或是更早的祖先了。相關祭祀也往往淪為頂多清明掃墓祭拜一次，甚至宗族早已沒有這類祭儀，這是往上的斷鏈。

至於往下的斷鏈，既然本身都已經失去了德育的薰陶，何來對子孫傳承？更何況現代人很多不婚不生，更是徹底對下斷鏈。

### 四、失去德育的實做經驗

德育不是理論，德育必須實踐及累積，有字之書的學院教育，提供的是教條化的德育科目，到後來公民教育要落實，變成需要依賴法律，否則人們就會踰矩，因為理論不等於實際。

德育必須從小開始落實，但在大家庭架構崩解後，落實成了問題。

1. 小孩在成長期間，沒有長輩的糾正力量，連自己父母的身教都闕如。
2. 小孩在成長期間，沒有實踐禮儀的環境，不需要跟長輩問安，不需要了解倫常，也長年和東方釋、儒、道教化脫節。
3. 小孩在成長期間，也難以透過家族和外在連結，

不論是宮廟祭祀或地方節慶，以前是家家參與，然而對現在小家庭環境生長的世代來說，卻只是事不關己的觀光看熱鬧。

## 五、失去德育的療癒根源

當德育傳承出了問題時，如果脈絡未斷，還可以醫治，但如果連脈絡都斷了，那就連補救都難了。

對現在的家庭制度來說，原本小家庭制度就已經跟從前宗族團結的模式脫節了，加上結合了現代法律，更是讓小家庭分崩離析。

例如當父輩過世時，傳承子輩會有繼承問題，從前大家庭時代可以兄弟分房，甚或另蓋新屋，安置分家的人，總之都在宗族照看的範圍內。但現在遺產繼承牽扯到財產分割，先不論是否兄弟鬩牆鬧得很難看，就算過程平和，原本小家庭再分家後，一定是某一個兄弟擁有房子，其他兄弟另覓他處搬走，每一代就更加崩解了。甚且往往為了財產均分，乾脆賣掉祖產，拿現金各奔東西。

以前嫁出去的女兒，在大年初二要回娘家，然而以現代社會來看，家庭都分崩離析了，女兒也就變得無娘家可回。

以上的五大失根，都源自於家庭端出問題，進而讓現代人都成了失根的人。

## 9-3 失根背後的脈絡中斷

　　當一棵植物的根被砍斷了，上面的花葉都無法存活，就算只是重傷根莖，花葉也難以生長。那是因為根莖中間有許多的內裡連結，例如輸送水分養分的維管束，木質部及韌皮部等被中斷了。

　　同理，家族的崩解以及個人德育的失根，背後也是輸送德育養分的脈絡被中斷了。下圖為家族的脈絡圖：

| | |
|---|---|
| 村里<br>廟會活動<br>節日慶典<br>族群連結<br>和諧社會 | 活動<br>結合各項地方節慶的風俗活動。 |
| 村落<br>婚喪喜慶<br>地方祭祀<br>德育儀式<br>了解文化 | 互動<br>每個人從小就參與地方習俗密切與人互動。 |
| 三合院<br>重視倫常<br>三生三世<br>人心有根<br>老吾老以及人之老<br>幼吾幼以及人之幼 | 走動<br>族親常走動，長幼天天交流問安，祭祖拜天，尊重禮俗。 |

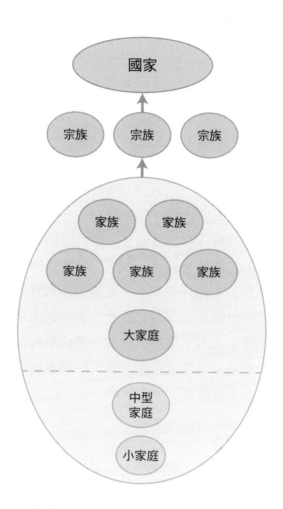

　　從上圖我們可以看出，以大家庭為主的社會架構，在家庭環節，可以透過習俗來彼此走動，建立倫常情誼；在家族環節，可以透過禮俗來彼此互動，建立人際情誼；在宗族環節，可以透過風俗來彼此活動，建立和諧情誼。

　　這些脈絡是一層接一層的，若家庭環節沒做好，就不會有宗族環節。舉例來說，如果自家兄弟都見不到面，連自己父母也只有過年過節才見得到面，那怎麼可能會有家族連結？那些叔伯等根本不相往來，更別談宗族了。

　　而其帶來的影響是全面性的，基本上，我們在儒教書籍看到的文化禮儀等，許多都失去意義了。

## 失去代代相傳的人生目的

　　有句成語叫做「香火鼎盛」，雖然這裡的香火是指廟裡人潮眾多，但背後意義是一致的，不論家族香火或宮廟香火，都是為了「期許未來」，家族因為有香火可以看得到未來，宮廟祈福也是因為有香火，看得到未來。重點都是「代代相傳」，而不讓自己成為一個孤單的個體，人生也因此有了意義。家族就是帶來香火的基本依附架構，切斷家族環節人生就斷鏈，無依無助。

## 夫家與娘家的觀念

　　原本女兒嫁出去，變成另一個家族的人，也成為聯繫兩個家族的關鍵。但如今自己本家都已經回不去了，沒有娘家，也沒有真正住在夫家，因為年輕人都是自己搬出去住。跟兩邊家族都疏遠關係。

**德育的傳承脫節**

孩子在學校，就算念了四書五經以及經典古籍，都好像在看別人的「歷史」，與自己不相干，因為他所處的生活環境，已經完全不是那個樣子。

**心變質了**

失根了，德育斷了傳承，養成的人就是失去人格的人，主要失去的責任感有：

1. 對家庭失去責任，不想結婚成家扛責任，不想養兒育女承擔傳承責任。
2. 對家族失去責任，不去管親族的事，只想自己管自己，不想去承擔什麼照顧老人等責任。
3. 對社會失去責任，人人只顧私利，只要監視器照不到的地方，有機會就選擇做壞事。
4. 對身為人這件事失去責任，做人處事是有責任的，一個人要對社會有正面貢獻。但失根的人已經沒了安身立命的圭臬，有者苟且鑽營，有者自暴自棄甚或自殺，於是形成了各種社會亂象。

失根是四失中一個影響其他環節甚鉅的斷鏈，而其他三失也各有重大的影響，整個加起來就是「德之失」，也就是德育的危機。

## 9-4 德育失根的種種影響

失根代表著兩個層面的打擊。

第一個層面是失去我們原本擁有的價值，第二個層面是失去原本保護我們的屏障。以前者來說，指的是我們原本擁有的家族守護、和諧信念、種種可以維繫我們三生三世，讓我們人生走得安穩的價值。

後者指的是原本為了讓人們更加穩健成長而被封藏起來的負面觀念，就好比封閉在「潘朵拉盒子」裡的種種負影響力，那些在釋、儒、道帶來教化以前，種種的爭端、自私、貪婪、邪惡等因子，若不幸被釋放出來，帶給社會不安躁動。

具體來說，失根會失去什麼？當家庭的這個環節受到影響，失去原本德育核心的功能，那會帶來什麼後果？以下只是舉例，實務上的影響層面還更大。

### 1. 不婚不生

前面我們提過，生命的意義在創造宇宙繼起之生命，香火傳承原本不只是家族使命，也是每個人明確的人生目的。因為香火傳承，結婚不只是滿足男歡女愛，而是要孕育下一代，家庭不只是婚姻制度下的社會單位，而是一個

德育傳承也是香火傳承場域。因為香火傳承是種責任，已經不是單單關乎自身的事，所以夫妻吵架不會輕言離婚，單身男女要盡快結婚，而生兒育女也是一個基本的人生使命，這都是在家族體系內完成。

## 2. 失去爺爺、奶奶、叔伯姑姪的倫理關係，失去尊重長輩的觀念

每個人人生最開始學習如何與人互動，那個場合通常是在家族聚會，如果失去家族以及家族聚會的場域，人們就會少了薰陶教養，長大後就變得不懂得尊重。

## 3. 沒有神明桌，失去三生三世的觀念，同時也就失去人生奮鬥目標

現在人要在哪裡看得到神明？大部分時候都只能去宮廟，但是在過往時候，人們每天都可以看到神明，因為家裡就有神明桌。但在現在是小家庭式住宅，家中沒地方放神明桌，也逐步淡忘三生三世的意義了。

## 4. 年節淡薄，失去德育實踐的練習機會

許多的做人處世以及勵志的道理，已經融入民間習俗，特別是各類節慶活動，例如年節等等。但在現代社會，家族觀念較淡薄，連帶的這些活動帶來的意義也變得較無感。

### 5. 無法「幼吾幼，老吾老」，失去原本家族的互助功能

　　所謂「老吾老以及人之老，幼吾幼以及人之幼」，在從前根本不是問題，因為在大家庭環境裡，這本就是理所當然的事，大家族的長者和孩童都能受到照顧。只有到了現代小家庭社會，這才變成問題。

### 6. 少了參與廟會活動，失去了德育最能薰陶的舞臺

　　如今的廟會，已經難以和菁英人才等聯想在一起了。原因之一是，廟會的背後失去家族這個環節，在從前時候，廟會活動可是各個家族必須輪替，每家都會派出菁英參與。

### 7. 少了家族聚會，失去了處理人際關係的機會

　　家族本身就是社會的縮影，幾乎可以說，未來在社會上會遇到什麼狀況，包括如何與長官互動、同儕互動、如何跟不同個性的客戶交談等等，這些其實在家族環境都可以預演。一個大家族中，叔伯嬸姨、堂兄弟姊妹、表兄弟姊妹……，一定有各式各樣的人，從小就協助一個人認識各種交流情境，這樣的環境如今幾乎已經見不到了。

### 8. 沒有倫理觀，失去言行的準繩

　　這點也影響現代人甚鉅，過往以家庭文化基礎，無字之書得以傳遞，人們從小就進入這樣的學習環境，建立做

人做事的準繩，不僅僅是傳統禮教包含的四維八德，更含括了所有做人做事的道理。失去準繩後，其對現代的種種影響，像是造口業的媒體文化、製造對立的選舉文化，許多的亂象於焉而生。

　　以上只簡列幾個失根的範例，實際上，可以說整個第二篇所說的德育根基都面臨了危機。

# 第十章 失靈的德育

## 本章重點

以道德勸說和法律制裁作為規範人的言行，抵不過追求功利主義的價值觀，甚至有人視「被處罰」為一種資歷，這種只治標不治本的道德觀，已經到了無道德的境界。

　　失靈，有兩種意思，一種是失去運作功能了，例如剎車失靈，那開車就危險了；另一種是失去「靈魂」，這更是茲事體大。而在本章我們要談的失靈，二者兼具。

　　失靈，也就是失去原本人們對天地、對神明的敬仰，具體來說就是失去「報應觀」，也使得德育影響力失靈，對社會的負面影響罄竹難書。

　　報應觀影響的層面很大，因為那是一種「打從心底」帶來的影響力，遠勝過法律規定及各式各樣的懲罰。報應觀可以從小端正一個人的心思，從一開始就不去做壞事，因為善有善報、惡有惡報，並且「人在做天在看」。

　　如今報應觀已經被「切割」了，當人們看著電視裡面「壞人得到報應」，只是覺得在看故事劇情，可是自己變成了旁觀者。而且報應觀被「歸類」為傳統宗教的內容，更讓人們可選擇性的去相信或不相信。特別是因為宮廟被

貼標籤了，也使得報應觀成為與日常生活不相關的迷信。

其實報應觀，如同其他忠孝仁愛等帶來人類和諧影響的德育一般，都是千百年傳承的德育重要觀念，只是透過釋、儒、道的歸納整合加強，化成經典金句，更深入民間。

包括人們熟知的做人要感恩、食果子拜樹頭、善惡有報等明確的報應觀，乃至於語意轉化，內涵依然是報應觀，像是儒家說的「己所不欲，勿施於人」，或者像是胡適說的「要怎麼收穫先那麼栽」等等，其背後都是「因果報應」。

這觀念帶給社會和諧，試想，一個社會如果怎麼行善都不會有好下場，怎麼做壞事也不會受到責罰，社會價值就會整個崩塌，文明也會跟著毀滅。

如今人們其實骨子裡還是有一絲的報應觀，但已經非常薄弱了，因為原本作為報應觀演繹的重要場合宮廟「失靈」了。反倒有些宮廟還被惡人把持，藉由錯誤的詮釋報應觀恐嚇斂財，總之，少了報應觀，這社會也就產生了諸多亂象。

失靈最典型的現象，就是宮廟文化現在已經被很多中生代、新生代視為是一種「迷信」，或者只是一種「古老的觀光景點」。但有沒有想過，原本被視為傳道的師尊，一夕間被貶為迷信的偶像，就好比有強大的軍隊守護社稷，突然間這些軍隊卻都被剝去權利、淪為花瓶，這時候

社稷就危險了。

以現在社會來說，從前人們做事都會顧慮「舉頭三尺有神明」，現在大家都不擔心什麼「善有善報，惡有惡報」，只擔心做壞事有沒有被監視器拍到。當這樣思考的時候，心就變質了，這其實是很可怕的事，這社會是要聘用更多的警察來守護治安，還是讓每個人的內心都願戒慎地面對諸天神明的教誨，哪一個比較能帶來長治久安呢？

如何重拾東方德育，找回宮廟與神明的價值，找回人心安定的力量，這是刻不容緩的事。

# 10-1 價值觀被破壞的可怕

現代的社會由於人心變了，因此社會就亂了。當殺人者可以輕易以精神狀況為由被判無罪，加害者只要有律師陪伴就可以振振有詞，法治越來越難以被信任。

原本從前我們都是站在報應觀的基礎上。也就是「行善的人會有現世報及來世報」，相應來說，行惡的人也同樣會有現世報以及來世報。

這種價值觀從前是根深柢固的，其帶來的文明現象，就是人生在世有目標，大家都知道應該要做善事，努力助人。那麼，以現世來說，會有福祿壽喜等著你，以來世來說，追求光宗耀祖、子孫積德，以及離世後會到美麗的西方極樂世界。

然而，當這樣的價值觀被破壞，改以法治取代，那麼社會現在變成怎樣呢？人生在世，只追求「對自己的好處」，做壞事，只要不被抓到就沒事。就算被抓到，依照法律系統，有繁瑣的流程，凡事看證據，有錢人還可以聘律師打長期的官司。

甚至最終，有殺人放火者因證據不足被開釋，乃至於有人因精神因素，殺人還可以免責。法律至上的社會，很多小流氓根本不怕警察，被抓去「進修」更沒在怕的，反

正「越關越大尾」，等於是惡行還可以當「資歷」。

以上，就只是簡單地列出，過往的報應觀對應現在的法治觀，結果就是如今的社會亂象叢生。

關於神明與人間德育的關係，雖然聽起來很唯心，但其所帶來的卻是真正的影響，試想若人們心中都不再對神明有崇敬，這世界會怎樣？筆者也以本身的見證，來分享我對神明的相信與尊重。

### 見證：相信神的存在

以下是我的見證，我以個人的親身經驗，記錄見證神威的存在。

西元 1990 年，我剛當選臺北市內湖區東湖里長，適逢里內的福生宮土地公廟建廟落成六週年，依習俗必須舉辦「建醮」活動，而且此次活動稱之為「圓醮」，意思是要盛大舉行。「建醮」的日期和承辦爐主的選擇，習俗上都是以在土地公前「筊杯」決定，建醮費用則是由信徒的香火錢支付。

決定爐主人選的辦法，是依土地公會的委員名單，依序唱名在土地公前筊杯，得「聖杯」最多的人員即為爐主，負責承辦建醮活動。當時筊杯結果，爐主由資深鄰長林宇宙先生獲選，他擔任土地公廟的廟公超過十年，對五分地區的各項民俗活動，也有百場以上的實際作業經驗，有關各項民俗活動的作業細節，可以說是一本活字典，

在土地公會所有的委員之中，再也沒有人比他更適合擔任
爐主了。

　　因為我也是土地公會的委員之一，筊杯結果得到第二
多的聖杯，自然就擔任副爐主，協助建醮活動的工作。我
在這之前，鮮少參加廟會活動的實際籌辦作業，頂多就是
在廟會活動的時候，做一位看熱鬧的觀眾而已，對於如何
辦理「建醮」的作業，一點概念也沒有。然而土地公就是
如此神奇，爐主會選擇最有經驗的廟公擔任，而我擔任里
長，必須在行政方面從旁協助，就被選為副爐主。

　　「建醮時間」也是向土地公筊杯請示決定，1990 年 8
月有一個颱風叫「黛特」，在臺灣周邊徘徊了三天不走。
眼看著「建醮」的良時快到了，一陣一陣的大風不停，建
醮的主普壇根本無法布置，但是非常神奇的現象出現了，
就在建醮良時前兩小時左右，突然風雨停止、陽光出現，
於是工作人員把握時間趕緊布置會場，法會即時趕在良時
順利開始。

　　建醮的法會要進行三天，這三天可以說是風和日麗，
社區的信徒準備牲禮在廣場祭拜，好不熱鬧。然而說也奇
怪，就在法會最後一個撒淨儀式之後，竟然又下起雨來，
這種現象和民間的傳言，法會結束之後下雨是好兆頭！建
醮活動的整個流程，就如此圓滿的完成了。

　　建醮活動要花費數十萬元經費，民間廟會活動的費
用，又不是可以編預算，或有固定的收入支付，此次建醮

　　的開支，必須仰賴法會期間來參加敬拜的信徒自由樂捐，所以收入多少完全無法預料。但是神奇的是，建醮活動結束後竟然收支平衡，收入比支出多了數千元。

　　這次土地公建醮的活動，從選爐主、副爐主、建醮的良時以及費用的收支，每一件事看起來是很自然的進行，沒有什麼特別之處，然而把這幾件事的前因後果仔細的推敲，就會發現怎麼這麼巧？一切都是如此的不可思議，讓人不得不相信真的有神威存在。

　　我相信有神威，相信神威無所不在，相信神威有求必應，但是我更相信神威只做「合情、合理、合法」的事，我認為神威應該存在於三度空間以外的空間，在更高處觀看三度空間內的人、事、物，所以這世間的一舉一動、過去與現在、外表做的和內心想的，「神」都是看得清清楚楚，因此要祈求「神」幫助，不必刻意準備供品，不必特別做作，只要平常在做人做事方面順天理，「神」自然在你需要幫助的時候，適時的助你一臂之力。

## 10-2 東方報應觀的分析

　　德之失，東方文化的報應觀被破壞了，原本有的報應觀，其背後的運作機制是什麼呢？所謂德育，就是一個的言行舉止規範，那麼，怎樣規範？規範的又是什麼呢？其實簡單講，一個人為何「不去做某些事」，原因有三：**本來就不願意去做、本來想做但不想被處罰、本來想做但「害怕」後果。**

　　讓我們以不義之財一百萬元做說明，假定人們知道某處可以拿到一百萬元，並且保證不會被警察抓。最好的狀況就是人人都處在「本來就不願意去做」的狀態，所以有沒有那一百萬元與我無干。

　　次佳的狀況是，內心還是癢癢的，但一想到「舉頭三尺有神明」，就放棄走歪路的念頭。至於不佳的狀況，大部分人不去拿那一百萬元，主要是怕觸法，但內心仍躁動不安，一旦突破某個心防，惡向膽邊生，就可能動取不義之財。

　　推而廣之，社會很多的犯罪背後，正是這種僥倖心理，只要不被警察抓到就想犯法。

　　因此，正確的社會正義應該是「打從心底」就不願為惡，而原本的報應觀，扮演著這樣的德育傳承角色。

具體做法透過兩大規範：

## 第一、家庭的規範，讓你處罰到怕

小孩子不乖怎麼辦？不要想說用溫言軟語「愛的教育」感化，那樣根本無法深入內裡。在傳統家庭有嚴格的倫理道德規範，夫兄有絕對的權威。不乖不一定要挨打，但是一定要受到懲罰。從小就養成這樣的觀念，長大就不偷不搶、對人有禮。

## 第二、宮廟的規範，舉頭三尺有神明

相對於家庭的「不乖直接訴諸懲罰」，宮廟文化的影響力似乎比較不那麼直接，但實際上其影響力卻更廣。基本上，宮廟透過耳濡目染的方式直接深入人心，讓人們直接在內心「烙印」那個規範。你不乖沒關係，人不懲罰你，神也會懲罰你。這一世你以為洋洋得意逃過懲罰，別得意，死後還有審判等著你。

當這樣的觀念深入內心時，人們做壞事的動機自然會減到最小，就算偶有貪念或想行劣事，從小已經蘊含內心的那個「規範」，也會發出內心聲音，要當事人收斂一點。

# 10-3 內心的善惡，並非救贖

提起報應觀，這是很東方的東西，相對來說，一些西方的觀點，可能比較格格不入，最明顯的，就是「贖罪觀」。

## 被誤解的贖罪概念

「贖罪」這個字詞，在此是借用西方宗教的觀點，在東方過往傳統佛教的觀點沒有贖罪，而是善惡觀。有一個很大的迷思，就是以為可以功過相抵，甚至以為可以花錢消災。

西方的贖罪是一種「量」的觀念，好比說今天我們做了十分的壞事，於是就去做八分的好事「補回來」，還欠兩分的壞事，以後再說，這就是功過相抵的概念。但這樣的說法是不是代表我今天可以殺人放火，反正最終再來做善事「補回來」就好？或者以前我做很多好事了，所以我之後就算做壞事也可以「被原諒」？

這樣的觀念是不對的，善惡觀不應該是「功多少」、「過多少」的概念，而應該是一種「打從心底」分辨清楚什麼不該做、什麼該做的觀念，絕不會是今天如果做出一件壞事，明天再去做一件好事「補回來」的觀念。

　　若只靠法律，好比說酒駕罰錢，那等同就是讓有錢人可以放心犯罪，反正最後罰錢了事就好，這樣的「量化」處罰觀，已經失去了導正的意義。

## 觀念比法律重要

　　當一個人打從內心不在乎做錯事，那是很可怕的，但是當宮廟的價值觀被抹殺，帶來的社會觀，正就是這樣子的狀況。善惡是非是一種「內化」，是一種「教化」，好比「孝順」這件事，就是打從內心要孝順父母，而不是計算父母對我幾分，我「回報」幾分的觀念。

　　一個人從小就該明是非、辨善惡，根深柢固的認知到「善有善報，惡有惡報，不只有現世報，還有來世報，如果尚未報，不是不報，時候未到」。並且打從心底的服膺善惡原理，這社會才有良善的可能。而法律是最後的關卡，不應該是善與惡的基本依歸。

　　講起法律，例如像新加坡的鞭刑，不要凡事以錢來做處罰依據，不管富人、窮人，好比說酒駕，第一次就公開鞭刑十下，再犯就變二十下，第三次五十下……，你敢酒駕就要接受這樣的後果。甚至要罰款也是依大原則，反正就財產充公，富人擁有很多財富，那就全部財富充公，這樣看還有沒有人敢酒駕。

　　不過以上仍是懲罰的觀點，最好的方式還是回歸原本東方的報應觀，從心認同善惡的價值。

# 10-4 撕開對宮廟錯誤認知的標籤

　　如今的宮廟被標籤化了，並且是被貼上兩張標籤：不是認為宮廟是迷信，就是認為宮廟只是宗教。

　　比較起來，把宮廟單純視為宗教，其帶來的錯誤影響，比把宮廟視為迷信的影響還大。因為就算迷信，還是有人願意「信」，若只是單純當成宗教，那就根本覺得跟自己生活無關，真正毀了德育的無字之書。

　　政府扮演重要的角色，原本政府注重文化發展，甚至把觀光結合宮廟慶典等活動，大方向是善意的，然而過程中一再將宮廟朝宗教的方向定位，乃至於跟宮廟有關的原本諸般德育元素，包含宮廟的神明圖騰，神明圖騰衍生出的慶典，還有原本有百年歷史的民間活動，都被視為「宗教活動」。這樣會帶來兩大負面影響：

## 1. 跟正統教育隔絕

　　由於政府法令會要求學校教育不要跟宗教及政治結合，政治宣傳及宗教活動不得侵擾校園清淨與中立性。而宮廟又被貼上了宗教標籤，所以就被視為不能讓孩子們當作學習的一環，也無法在課本上介紹相關內容。

## 2.讓社會有了畫分界線

宮廟及民俗活動原本就是人人都可以參與，那是個無字之書德育的傳承場域，但是被貼上宗教標籤後，第一，非佛教或道教的人就不會來參與；第二，許多沒有那麼強烈宗教信仰的人，也就更疏遠宮廟了。

原本是藉由包含廟宇本身、神明教化寓意以及民俗活動，帶領身體力行的無字之書環節，就因此被斷鏈了。我們應該真正去認識中華文化，在其發展及變得博大精深的歷程中，本來就包含了諸多元素，也因此在我們談德育傳承時，會有包含傳統佛教人物，如彌勒佛、觀世音，或道教祭拜神明圖騰等等，如同第一篇所介紹的，這些都是千年文化維繫、深化、傳承的過程。

總言之，中華文化原本就融入釋、儒、道以及歷朝各代的許多文化思想，我們是在這樣的文化中被孕育成長的，不該反過來質疑這文化中的某些元素為宗教，不能作為德育傳承。

筆者看到每到聖誕節和萬聖節，許多民眾全然投入這些歐美的文化，孩子們也學西方小孩萬聖節去跟人家討糖吃。反倒對我們自己的文化，像是媽祖遶境等等，有些家長要自己的孩子避而遠之，這是非常令人不解的，也感受到中華文化傳承被貼上標籤的悲哀。

至於另外一張標籤，自然就是「迷信」。「迷信」的

前提，因為宮廟和民俗活動等等被貼上了「宗教信仰」的標籤，然而反倒是執著於這種標籤的人，才是迷信。

　　無論是迷信西方文明或者迷信現代化的種種科技，在追求新東西的時候，卻得丟棄原本的文化，這才是迷信。真正的文明人，應該是兼容並蓄，既擁有追求新科技的視野胸襟，也能夠守住根本的文化根基。

　　所謂迷「信」，否定的就是信仰，原本在東方，特別是宮廟包含了四層意義，亦即從祕密層到外層，最終的宮廟建築以及壁畫等都是外層，但探究其中都有其意義。但「迷信」貼紙一旦貼上，就是直接讓宮廟只剩外層，那些屬於心靈範疇的療傷止痛，原本可以深入內心層面的種種德育教化，統統不見了。

　　臺灣的宮廟、神明以及民俗活動，如同我們在第二篇介紹過的，是一個環環相扣、博大精深的德育體系，是傳承千年的無字之書，非常難能可貴的生命、生存以及生活智慧。

# 第十一章 失質的德育

## 本章重點

教育普及、力行民主、言論自由，引進西化網路思維，在臺灣成為開放社會的同時，失去了文化準則，也使人產生道德淪喪的憂心。

　　現代談教育，有字之書跟無字之書應該是要併行的，但目前有字之書，也就是學校教育，卻在很多地方自斷武功，例如跟德育有密切相關的四維八德及倫理道德，很多都被視為「八股、保守、落伍」。

　　學校教育只是社會的一個縮影，是整個大環境變了，才導致學校教育逐步被扭曲，我們來看德育為何會失質？

　　談到德育失質，並不是一夕間發生的，而是長久以來逐步累積的錯誤觀念造成的。

　　具體來說，有五個重要打擊，帶來了傳承重大的負面影響。以現代社會為基點來回顧，比較大的失質起始，大約從臺灣光復那年發生。如下圖所示：

| 戒嚴時期 | 民主政治 | 言論自由 | 西化觀念 | 網路世界 |

去臺灣化　去中國化　去傳統化　去心靈化　去倫理化

臺灣最美風景
完整人格教育　　　　　　　　　　　　　道德
　　　　　　　　　　　　　　　　　　　弱化

## 11-1 一連串失質的德育

### 一、去臺灣化

把臺灣原本已有百年以上的文化傳承,不是刻意跟日本教育連結,只因為歷史經歷,成為殖民地後也吸收了日本文化,但自從臺灣光復後,執政者為了擺脫日本統治的影響,追求現代化,反倒讓原本的德育無字之書變質了。

這段時間最典型的,就是當局一方面努力在校園推廣道德教育,另一方面卻把民間的宮廟文化及民俗活動等,都貼上了迷信的標籤。

很多臺灣特色的東西(而臺灣特色又源自於中華文化),很多被貼標籤、被視為落伍的,加上此時臺灣正值由農業社會轉型為工業社會,很多小家庭也因為中壯年北漂被孤立,讓家庭與社會環節斷鏈,影響深遠。

### 二、去中國化

在引進西方的自由民主後,原本可以只擷取好的精神,也就是民主思維,包容多元意見,但在臺灣後來卻演變成政治對立,帶來社會動亂以及德育面很大的傷害。

其中最大的傷害就是文化斷根,本來臺灣文化就源自於中華文化,如今卻硬要結合政治,說那是屬於政治偏紅

的，乃至於把原本的四維八德共同校訓都拿掉，但明明我們就源自於中華文化，硬要切割只會搞得大家無所適從。

## 三、去傳統化

當時臺灣經濟比較弱勢，就覺得西方一切都是好的，因而引進了很多西方的觀念，其中至今影響仍很劇烈、帶來很大負面效應的，就是言論自由。

人們學會了不要當謙謙君子，個個都要當最標新立異、講話最犀利的人，於是從前我們的美德是抑惡揚善，但如今媒體文化正好相反，完全是抑善揚惡，越是負面新聞、越是腥羶色，越吸引目光，傳統的德育美德已經蒙塵。

那些自古以來的傳統被視為落伍，甚至被說是食古不化，迎接「現代」的同時，也想打開原本被封存的潘朵拉盒子，帶來世間的紛亂。

## 四、去心靈化

原本在全球化的角度，我們大幅吸收外來文化是好的，但可惜的是，當本身文化變弱時，就容易整體接納外來文化，本來可以兼容並蓄的，後來變成照單全收。

在網路化的現代，各種外來影響，更加速破壞民間的信仰基石。對於現代孩童來說，他們的生活就是 3C 產品，他們吸收的就是西方文化，包含西式的英雄主義、自

我觀點等，長期來看，從小被洗腦，成人後就已忘了自己原本的心靈美善。

## 五、去倫理化

到了二十一世紀，站在西化觀念的基礎上，又衍生出一個越來越可怕的現象，那就是網路社群化，以及因為社群本身機制的匿名性和煽動性，讓「去倫理化」帶來的負面影響來到了極致。新誕生的名詞：網路酸民、網路黑軍、鄉民正義……，其最終帶來的就是網路霸凌以及社會對立。

很遺憾的，由於德育的失質化，本節所列的五大現象都越來越嚴重，包括去臺灣化、去中國化、去傳統化、去心靈化及去倫理化，最終，互相帶來更大的負面效應，並且在網路數位化的推波助瀾下，發揮到這樣的極致，真是社會的悲情。

如今社會變成：

- **以民主取代固有和諧觀**：成為臺灣選舉對立的亂象，倫理關係若被民主取代，講話大聲的年輕人就不懂得尊重長輩，開始胡作非為。
- **以自由取代固有家庭觀**：造成整個臺灣社會從根本被破壞，動不動就抗爭上街頭，意見不同就互相撻伐。

- **以法治取代固有報應觀**：於是現代人的心靈被扭曲，犯罪只要不被抓，或是有錢找律師，就變得有恃無恐。
- **以科學取代無字之書**：於是宮廟連同民間信仰被整個邊緣化，但科學無法邏輯化道德，德育於是面臨崩頹危機。

# 11-2 德育失質背後的種種亂象及分析

今天我們探討德育，是因為社會的確已經出現了亂象，具體來說，不只是犯罪層面，如子弒母、無差別殺人等，更普遍的現象是社會出現種種的怨氣，諸如：

1. 年輕人低薪看不到未來：脫離原本做人處事的規範，一昧以金錢觀做人生衡量標準，於是被薪水高低所制約。

2. 意識形態當道，動輒起口角：忘了和諧的價值，一昧以西方的「追求自由」，於是大家「只顧爭取自己的權利」，再也不顧和諧的價值。

3. 政黨對立，天天有抗爭：個人方面是意識形態爭吵，到國家層級更是變成政黨對立，民生擺其次，黨的利益最優先。一昧以西方的「民主」自許，國會亂象頻傳，後來連美國也發生國會亂象。

4. 不敢面對未來，也不願意結婚成家：家庭原本三生三世的價值，徹底被遺忘抹殺了，年輕人不願意結婚，除了經濟因素，也因為缺少內心裡原本該有家族支撐的力量。

5. 社會許多亂象，殺人鬥毆，因為人心迷失：原本

做為德育的基石，其價值被破壞，導致失去功用，亦即失去原本「無字之書」的德育傳承功能。

提起亂象，這裡也要提到現代的許多社會亂象，跟領導人產生的方式有關。領導從某個角度來看就是「爭權」，也導致團體失去相互尊重與和諧，臺灣的選舉亂象，以及許多企業發生的兄弟爭產等事件，嚴重的讓臺灣最美的風景失去光彩。過往時代，領導人產生方式包含：

1. **世襲**：如國家領導人的皇帝。
2. **長孫**：如宗族的族長。
3. **神明**：如宮廟爐主由筊杯決定。
4. **長幼**：如結拜兄弟會。
5. **倫理**：如獅子會第一副會長接會長。
6. **股份**：如公司董事長由股份最多者擔任。
7. **總理**：以內閣制由多數黨黨魁擔任總理，這類國家社會比較安定。

以上領導人產生的方式，除了國家領導人之外，都能夠和諧產生新的領導人。任何社團的領導人如果以選舉方式產生，在選舉的過程中很容易相互攻擊造成對立，甚至於分裂，也就是所謂「失質」的果。

綜上所述，臺灣的德育危機，背後有著歷史因素，這些是「因」，而其帶來的「果」，直接影響如今每個世代的「個人」。我深信，如果我們原本固有的德育還能發揮作用，很多社會亂象就不會產生了。

# 第十二章 失能的德育

## 本章重點

負責道德教育的導師，本身就是一個值得敬仰的人，以往作為德育中心的廟宇，都是由地方仕紳負責主持。然而迷信與宗教兩個負面標籤，造成社會的菁英遠離廟宇，致使廟宇的教化功能大打折扣。

　　雖然我們前面介紹過，宮廟是德育傳承無字之書很重要的場域，宮廟本身結合神明體系與各種民間信仰、民俗活動，帶給社會和諧教化。

　　當然，宮廟的存在依然要有人，否則宮廟只剩一座有著莊嚴裝飾的建築物，沒有人才經營，德育教化功能就會大減。

　　本章談德育的失能，重點就在於宮廟的人才流失。這些事是環環相扣的：宮廟被貼了負面標籤，導致原本做為傳承教化者的耆老以及地方菁英們逐漸離去。在從前時代，宮廟是做為師塾的所在地，老師以及有德者都來這裡。

　　現在則是反過來，老師及德者離開，於是有很多比較負能量的勢力，可能為了斂財，可能為了聚眾，總之，

跟從前做為德育重心的宮廟人才已大不相同，連從前可能是匯聚地方才藝的陣頭，都被轉化成為不良幫派寄居的溫床。

當然，極端的現象是特例，不是所有的宮廟都變成了罪惡淵藪，我相信大部分宮廟依然是教人為善。但這裡指的「失能」，是指從前原本守護著宮廟、成為地方德育中心那樣的觀念不見了，現在守候宮廟的人，比較被貼標籤變成「純宗教事務」，而與民眾教化脫節。

接下來要談的，便是宮廟失能帶來的影響。

246 第三篇 德之失──探尋寶藏為何到現代逐漸逸失

## 12-1 迷信與宗教兩個標籤造成耆老離開

　　春秋、戰國時候，有一次孔子門生問孔子，施政第一優先要做到什麼事？

　　孔子說：「必也正名乎。」否則「名不正，言不順」。

　　從前的宮廟是地方教化的場域，是香火傳承也是德育和智慧傳承的場域，在這樣的定義下，耆老以及地方上賢能人士都會聚集於此，讓民眾有個學習的地方。

　　然而當宮廟被貼上了標籤，原本的教化也被扭曲成宗教傳道，甚至被說是灌輸迷信，既然宮廟已經不被認為是德育教化中心了，在此傳道授業已經「名不正，言不順」，耆老以及賢能人士也就離開了。

　　在尚未被貼標籤以前，宮廟是自古以來一個重要的無字之書傳承媒介，經過千年的演化，已經具備完善的多樣德育教化功能。

　　具體來說，可以淨化心靈的宮廟建築、善惡有報的宮廟裝飾、指導言行準則的宮廟神明、讓人敬畏感到莊嚴的宮廟科儀、能夠療傷止痛的宮廟法會，以及融入民間的宮廟廟會，以上六者形成一個重要的德育體系，讓一個人從最根本的己身修養，透過定、靜、安、慮、得，到進入社

會前做人做事道理的培育，都有個基礎。

此外，宮廟也是從家庭生活到社會生活間的一個重要連結點，如前所述，宮廟本身就是本無字之書。宮廟透過神明體系，伴隨我們一生的德育薰陶，代表性八大神明的圖騰，分別引領人們誠意、正心、修身、齊家、治國、平天下以及智慧與布施。宮廟也透過種種的節慶祭典，以及一年四季的科儀，結合民間習俗及活動，終身教育著我們德育的道理以及實踐。

而宮廟也是社會和諧重要的地方中心，在臺灣各個地方都有廟宇，可能同樣的宮廟（例如土地公廟）在不同的鄉鎮有不同的意義，也可能不同的宮廟在不同的鄉鎮代表著同樣的寓意。

宮廟結合不同的神明以及民間習俗和慶典活動，其帶來的影響力說是有成百上千條都不為過，但我們可以簡單整合成四件大事：

1. **人格基本養成**：包含基本價值觀、善惡觀、倫理觀。
2. **終身德育教育**：教導我們做人做事的道理。
3. **導引智慧落實**：將各種人生智慧，例如勇氣、毅力等，融入宮廟節慶活動。
4. **打造和諧重鎮**：宮廟扮演著齊家、治國、平天下不同環節的和諧中心。

　　以上這四項功能目前都還存在，只是都被打了折扣，甚至有了重大扭曲。其中保留比較完善的可能是第四點，至今各地的宮廟都還依然是地方的精神重鎮，包括每逢選舉時，各級政治人物都會去宮廟參拜，藉以收攏人心。但現在的宮廟已經跟古早純樸時代的宮廟角色落差很多，多了政治化，少了真誠的教化。

　　至於第一到第三點，現代人幾乎都已經不太知道這些事了，大部分人不曉得宮廟除了拜拜外，與社會更大的連結，更不曉得包括媽祖、土地公等神明，除了做為佛、道教的神明圖騰外，背後的教育意義有那麼重要。

　　也就是說，以上所列的諸多宮廟功能，不只被弱化，甚至根本就已經被大部分人遺忘。或者不是遺忘，而是一開始就不知道，因為傳承已經斷鏈了。

## 12-2 參與廟會活動是件神聖的任務

　　所謂的失能，包含精神面以及實務面。往往精神面影響實務面，實務面又反過來影響精神面，因而變成負面循環。以宮廟來說，精神面指的就是原本包含宮廟科儀、神明、廟會等，這些具備德育教化意義的傳承，被「重新定位」以及「扭曲式的詮釋」，被包裝成一種純粹的宗教信仰，甚至被貼上迷信的標籤。

　　既然精神面已經被改變，就好比本來是所學校，卻被定位成是觀光樂園，結果原本授課的老師就只好捲鋪蓋走人，改由娛樂圈子的人進駐。

　　宮廟尚未被貼標籤前，各種宮廟活動也是德育教化的一環，被貼上標籤後，變成了宗教或迷信活動。宮廟因為精神面被改變，導致實務面的宮廟內涵，包含組織及人才也跟著轉化，而這些轉化更加「落了口實」，原來宮廟真的沒有教育人才，於是更讓迷信的標籤貼得緊緊的，難以翻身。

　　舉一個跟宮廟有密切相關的實務面轉換，那就是「陣頭」。

## 認識真正陣頭

在現代，多數的東方傳統宮廟意涵，都已被西方傳來的思想觀念壓過，乃至於多數人對廟會，多數只是抱持著看熱鬧的角度，對於廟會的組成元素，也多以「迷信」來看待，包括宮廟的各種活動如廟會及陣頭，都被如此看待。

### 1. 廟會的原意

在從前，廟會如同字面上的意思，就是在宮廟聚會。尋常的百姓交流聊天，那是日常生活中每天都在做的事，不需要強調，因此所謂的廟會，指的就是「特別日子」的聚會。

### 2. 廟會聚會的意義

如同現代每個學校有運動會，各個機關也有紀念日一般，傳統的廟會也如同現代的學校運動會，會「精英匯聚」，甚至「切磋才藝」。在廟會的日子裡，大家以祭神及相關慶典為名義，實際上也讓族群聚會，以展現才藝的方式，彼此交流增進感情。

### 3. 陣頭的定義

在從前，一般庶民農忙過後，那時代沒有電視、收音機，也沒太多戶外休閒娛樂，因此茶餘飯後就是聊天以及

培養一些才藝，例如詩、書、棋、畫……等等。

各門技藝會培養出高手，例如彈琴高手、扯鈴高手，乃至於演武高手等等。當這些高手齊聚一堂，一方面好東西不藏私，要與人分享；二方面別人看了也想學，於是就會齊聚成類似現代人「社團」的組織。

其中會武術的，大家就集合演練陣法，形成不同的陣頭。所謂陣頭也不只是武術，包括民間的舞蹈、結合民間故事的類似話劇等等，性質各式各樣。

由上面就可以看出，陣頭的古今定義差很多，現代提起陣頭，讓很多人想到的是打架鬧事，或者是無業青年聚集，乃至於感覺跟幫派有關。但在從前卻正好相反，陣頭，反倒是「菁英」齊聚。

以廟會來說，世人對神明很敬仰，宮廟會獻上牲禮以及好的東西給神明，而既然陣頭各個都是「菁英」，也就是「最好的東西」，因此在廟會時，陣頭自然要出場。

宮廟是教化人民重要的場所，所以要有社會精英，這才是廟會以及陣頭原始的意義。

# 12-3 主持廟會活動都是當地耆老

原來,陣頭是菁英的組合,在從前廟會以及陣頭的意義還包含多端:

## 1. 廟會刺激社會學習

廟會時要把「最好的東西」拿出來敬神,因此陣頭是神聖的。既然要敬神,身為陣頭成員,乃至於全鄉的人自然是不敢馬虎,以免懈怠神明。

其結果就是大家會勤加練習,不論是精進琴藝也好,熟習武術練身也好,總之,大家都追求「好還要更好」。以這樣的角度來看,原本廟會的形式,根本就是另一個「刺激學習」的場域。

## 2. 廟會讓人們互相觀摩交流

所謂的廟會,絕非一鄉一村的個別大事,毫無例外的,廟會這樣的活動,一定會廣邀鄰居各鄉鎮共同參與。

從前的概念就是,這個月甲村有活動,周邊乙村、丙村、丁村都會來共襄盛舉;下個月換乙村有活動時,其他各村也都會去參與。這就是村落與村落間互動,也就是族群融合的概念。

廟會時要做什麼呢？除了招待遠來的貴賓外，大家彼此也都在觀摩。「啊！這個陣頭的裝飾那麼美，回去後我可以比照辦理。」、「哇！這個音樂好好聽，請教村長這是怎樣的音樂？」

所以廟會既培養感情，也形塑一個文化交流的場域，既然是文化交流場域，自然就要請有德行、受人尊重的耆老來主持。然而到了現代，廟會的意義多已變質，陣頭更是已經跟從前定義不同。

因此關於宮廟與陣頭，可以用四句話來表達：**學習機會、練習場地、表演舞臺、鼓勵掌聲**。

## 敬老尊賢及智慧傳承

廟會及陣頭除了前述兩大意義外，還有一個跟德育傳承有非常重要關聯的，那就是倫理體制。

以陣頭為例，當我們要讓各項才藝更加精進，除了勤練外，還有一件更重要的事，那就是請教長輩或資深前輩。因為他們的才藝走在我們前面，我們要以師禮拜見，這背後就有著傳統敬老尊賢的美德。當在廟會活動時，已經熟習這種尊師重道，回到家也一樣會尊敬長輩，那樣自然可以培養出有教養的好孩子，這才是德育。

完全不同於現代的廟會，經常被人覺得青少年進去會被「帶壞」，在原始的廟會意義上，是正好相反的，廟會真正是德育養成的好地方。

### 「動」與「學」的場域

　　關於廟會，還要強調的一個重點，就是「動」的概念。如同現在的教育，孩子去學校上課，除了吸收知識外，也是學習如何「動」。這裡不單是指體育課的運動，也包括「活動」、「走動」、「互動」，從前時代教育不普及，宮廟就扮演類似現在學校的角色。

　　在今天，雖然有了現代化的學校，傳統的宮廟依然沒有失去「動」的意義，包含離開校園的成年人甚至是銀髮族，宮廟讓人們有個「動」的場域，不只常走動有益健康，也因為互動，可以彼此學習。

　　只不過從前宮廟裡的教學關係中，擔任老師的可能是地方仕紳，但到了現在，仕紳也就是社會有識之士退場了，當社會菁英無法在宮廟扮演互動中「師」的角色時，一切也就變質了。

# 12-4 耆老離開的負面影響

在臺灣，宮廟原本是遍布全國的重要德育基地，但因為受到文化入侵的影響，耆老離開了，宮廟變質了，宮廟面臨到內外的雙重危機。

## 1. 外在危機

崇尚西方來的觀念，是現在整個社會的發展趨勢，同時也逐步把東方固有的東西視為迷信。這也使得宮廟這本無字之書已經不被重視，從而讓其原本可以發揮的功能，也就是社會教化功能，從定義上就被抹殺，導致一批又一批原本的地方菁英仕紳們，不願意也無從繼續留在宮廟裡。少了這些原本有德育傳承的社會善流，宮廟變成名符其實的空殼，被說成只是迷信的場域。

## 2. 內在危機

原本以德育教化為主的宮廟，自從少了菁英後，逐步就變成只具備宗教氛圍的建築。更糟的是，管理的空虛，讓不良勢力趁虛而入，於是發生了很多社會事件，有神棍斂財騙色，還有打著怪力亂神旗號，讓宮廟更加神祕化等等，凡此種種，更加讓宮廟被汙名化。

　　總之，原本應該是德育傳承的無字之書，如今這本書不但不被重視，甚至因為缺乏管理而變質了。還好這只是部分現象，畢竟發生神棍破壞善良風俗現象的宮廟只占少數，其他宮廟，或許原本無字之書的功能面被遺忘了，但至少在整體社會的運作上，宮廟大致上仍扮演著行善的力量。

　　事實上，我們可以看見，整個社會，包括像 2020 年疫情嚴重的時候，宮廟依然扮演地方上的精神力量，包含大甲鎮瀾宮、行天宮、紫南宮的主委或發言人，其言論在媒體上還是有影響力，而且往往各個地方賢達或者地方重量級人士，也會在宮廟裡擔任委員角色。

　　所以我們要說，宮廟有著失能的危機，但尚未到已經完全失能的地步，以分數來比喻，可能原本具備滿分效益的宮廟功能，如今只剩不到六十分。

　　但也必須說的，即便有六十分，主要還是植基於來自信眾的信仰力，而非原本宮廟身為無字之書的德育影響力。此外，雖然各縣市都有具備悠久歷史的古剎名寺，做為地方的信仰中心，這些宮廟德育無字之書傳承力道比較強。

　　相對來說，分布全國各地成千上萬的中小型宮廟，就比較有人才流失的危機，甚至有些淪為地方不同勢力的角力場，那就離德育教化功能更加遙遠了。

　　總結來說，德之失的各個面向，是分階段性的同時發

生，從臺灣光復以來，隨著時代演進，西化加劇，受到各
種西方文化侵入，加上人們不分輕重，對外來文化往往照
單全收，同時帶來臺灣德育失根、失靈、失質、失能的
後果是很明顯的，具體呈現出來的，就是如今的種種社
會亂象。

　　過往東方的德育，藉由兩把金鑰，一方面做到傳承，
另一方面也訂定規範，鎖住了各種不宜的德育。但德之失
帶來的後果，就像打翻了潘朵拉盒子般，各種負面現象導
入民間，不婚、不生、離婚、單親、小屁孩、幼兒教養問
題、老人獨居、弒親、詐騙、隨機殺人、網路霸凌、高
房價……，各類惡果紛紛出籠，現代社會道德沉淪令人
憂心。德之失的惡夢是否有解藥？這需要有識之士共同
來關心。

## 德之失總覽大綱

| 主題 | 重要項目 | 德育重點 |
|---|---|---|
| 失根的德育 | 家庭與四大失根 | · 失去了德育的養成場所<br>· 失去德育的中心思想<br>· 失去德育的實做經驗<br>· 失去德育的療癒根源 |
| 失靈的德育 | · 內心的善惡，並非救贖<br>· 撕開對宮廟錯誤認知的標籤 | · 被誤解的贖罪概念：觀念比法律重要<br>· 跟正統教育隔絕：讓社會有了畫分界線 |
| 失質的德育 | 德育失質五大原因 | · 去臺灣化<br>· 去中國化<br>· 去傳統化<br>· 去心靈化<br>· 去倫理化 |
| 失能的德育 | 宮廟失能<br>探尋廟會及陣頭意義 | 政府無能管理宮廟活動，社會菁英不願意參與宮廟事務。 |

第四篇

# 德之行
### 重振德育

如果只有擔憂，卻沒有提出解決方案，這樣是不足夠的。雖然整體的文化振興，屬於國家層級的總體宏觀規劃，小百姓無權置喙，但本書仍願意以野人獻曝的精神，提出對於重振德育的良心建議。

包含實務上可以訂定的政策面大方針，以及具體落實可以一舉數得的有效方案，在本篇分為四章，由四個層面做德之行的建言。

## 第十三章 找回宮廟德育傳承定位

**本章重點**

做為無字之書傳遞中華文化教化子民的宮廟，在漢人移居到臺灣的初期，肩負人格養成以及族群融合的重責大任，應該以新的視野重塑其德育的功能。

我們談德之行，第一個落實的重點就從宮廟開始。具體的做法如下圖所示：

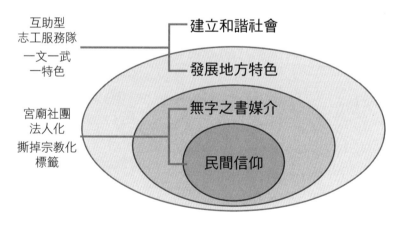

互助型
志工服務隊

一文一武
一特色

宮廟社團
法人化

撕掉宗教化
標籤

建立和諧社會

發展地方特色

無字之書媒介

民間信仰

圖 13-1 尋回宮廟的現代定位

## 13-1 撕掉迷信與宗教活動的標籤

　　宮廟文化傳承的，是從夏、商、周以來逐漸累積的東方價值觀，這之中的核心就是德育。特別是中國改朝換代時，社會動亂、民生凋敝，在世道紛亂時節，唯有那套德育長久持恆，成為維繫社會的中心力量。

　　以五代十國來說，當年王審知在福建立國，被稱為開閩王，他的一大建樹就是透過全國廣設宮廟，傳遞德育以及中原文化。在他在位的 34 年期間，一共蓋了 270 間廟宇，也帶動當時閩國的文化氣息。透過有字之書以及無字之書雙管齊下的推廣教育，福建的經濟文化有很大的進展，也成為後續文化傳遞來臺的重要基礎。

　　如果原本做為文化傳承重鎮的宮廟，被貼上錯誤的標籤，那將非常可惜，也辜負了祖先千年的傳承智慧。因此，我們要振興德育，針對宮廟的部分，首先要做到的，就是撕掉「把民間信仰當迷信，把民俗活動視為宗教」的標籤。

　　現在宮廟長期被貼上「迷信」的標籤，導致原本道德教育的媒介，被阻斷了其無字之書傳承路。但這裡我還要強調，雖說「迷信」是個標籤，但還有另一張標籤，這就是把宮廟只視為「宗教」。事實上，後者比前者嚴重，前

者畢竟信者恆信，你說宮廟是迷信，信仰者依然會信仰，但是若直接把宮廟定義為純「宗教」，那就讓人們，特別是年輕人，忽略了宮廟原本庶民教育的意義。

宮廟傳遞的德育，不論是釋、儒、道，都不能單純以宗教角度看待，那樣太過狹隘了。釋、儒、道對應的是三生：生活、生存、生命，具體來說，宮廟正就是透過習俗、禮俗、風俗等活動，真正實踐教養子民的主體，也只有當人民真正回歸到認識宮廟的本色，才能重新回歸到德育的薰陶。

解鈴還須繫鈴人，期望政府端將宮廟以德育角度「正名」，不要只把宮廟當成宣教的場所，而是從小可以接觸善惡價值以及基本倫常觀念的地方。

# 13-2 找回宮廟德育傳承的五項作為

## 一、宮廟社團法人化

結合政府及民間力量，先是為宮廟在德育上的意義正名，而為了讓宮廟發揮更積極的社會影響力，推廣德育，就要協助宮廟社團法人化。

當然，以現今社會來看，宮廟是宮廟，社團是社團。為了落實本項建議，所有的宮廟管理委員會，需登記為社團法人，扮演好「有字之書」和「無字之書」傳遞文化實踐德育的角色。

社團法人化的優點有：

### 1. 財務管理透明

現代的宮廟屬於各自為政，管理也良莠不齊，有的宮廟規模龐大，也經常舉行法會及社會公益，但有的宮廟比較封閉，可能太過神祕。無論何者，當宮廟列入政府統一輔導，朝社團法人化邁進時，那麼一切管理就會現代化，財務的管理也更能落實。包括民間捐款或者參與活動（如上課）的管理等等，就可以讓社會大眾清楚檢視。

## 2.訂定工作計畫

一旦社團法人化後，也代表著行事要更有規矩，更透明化、法制化。社團法人有幹部、有社員，以及包含在地所有鄉鎮區域住民，都是社團一分子，因此，每年每月每日的行事就有規範。每年會訂定年度工作計畫，每月、每週甚至每天也都會有相應的計畫，據以做為工作分配以及財務運用的基礎。

## 3. 文化精英薈萃

過往時候的社會精英，現在都去哪裡了呢？可能是在個別的行業努力，但回家後只是個平凡人，對鄉里的貢獻有限，頂多可能依個別的情況，參加社區管委會或地方巡守隊等等。但是一旦宮廟社團法人化後，成為在地的精神中心，那麼在地的各行各業菁英，就有了一個齊聚的中心點。在從前叫做地方仕紳，現代就是菁英薈萃的概念了。

## 4. 充分發揮「動」的功能

因為有了被認可的宮廟組織，確認是在地的德育重心，人人共同參與，於是各種的價值，包含家庭價值、社區互助價值等等，都重新被發揚起來。基本上，就是透過聯誼、觀摩、活動、比賽……等方式，讓大家共同參與，發揮「走動」、「活動」、「互動」的功能，也因此帶來地方的和諧。

## 二、成立讀書會

宮廟在從前就是一個德育的重心，不僅僅傳遞無字之書，很多時候，宮廟的廂房也兼具私塾的功能，在古代，也是有字之書的教育殿堂。

來到現代，我們要振興讀書會，亦是包含兩端，一方面建立以東方文化為本的言行準則，二方面建立發揚共同價值觀的德育，讓社會更加和諧。

而不論有字之書或無字之書，透過宮廟這個重要的德育香火傳承平臺，最重要的依然是將代表三生的德育內容：釋、儒、道，一方面透過典籍傳遞（這部分後來已經由學校機構大幅取代），另一方面更是將生活之道、生存之道、生命之道真正的教育傳承。

成立宮廟讀書會，讓宮廟成為一個德育學習重鎮，每座宮廟建立自己風格的讀書會。宮廟是德育無字之書傳承媒介，這裡的讀書會，重點也是有別於一般民間讀書會，而要放在「德育」。

讀書會的重點可以精讀文化精華，像是釋、儒、道的經典，即所謂的讀經班；也可以兼容並蓄，如《聖經》跟《可蘭經》等。

## 三、具備一文一武特色的陣頭

宮廟既是重要的無字之書以及德育香火傳承基地，那麼可以讓這個基地以更靈活的方式，擺脫刻板的「道

德勸諭」印象，例如學習不一定得呆板的坐在課堂上念誦課文，也可以是工藝、音樂、自然探訪、人文勘查⋯⋯等形式。

而恰好以臺灣的宮廟來說，不同地方的宮廟各有特色，莫說靠海鄉鎮的宮廟跟山林為主鄉鎮的宮廟特色不同，就連同一個鄉鎮不同村里，甚至同一個村的村南、村北，宮廟都可以有不同特色，這讓每座宮廟可以單獨視為一個不同的德育篇章。

就好比西洋的《聖經》，是集結不同章節故事成一本書，在東方以無字之書的角度，集合所有宮廟不同的德育教化特色，合起來就是一本完整的公民課本。

臺灣南北各地有那麼多的宮廟，如果結合德育的推展，能夠以打造「特色」的方式，一方面讓宮廟主題的德育更聚焦，二方面建立特色主題後，也可以讓相同主題的宮廟互動聯結。

特別建議要採取一文一武一特色的形式，則是將這些特色更加細分，並且一座宮廟可以不只有一個特色。舉例來說，書法以及紙雕藝術，跟陣頭以及競技比賽就是不同性質，但各地宮廟都可以建立自己特色，凝聚在地向心力，讓宮廟更能發揮德育無字之書教化功能。

一文一武，指的是宮廟可以發展出一個靜態的專攻主題，以及一個動態的專攻主題。文特色指的是「室內學習」為主活動，如繪畫、串珠、手工藝，也包括增進知識

為主題;相對來說,武的特色以戶外為主,最典型的像各地方的民俗活動,如宋江陣、八家將、舞龍舞獅、雜耍技藝等。

另外,地方特色則是結合當地的農特產或民俗特點,例如苗栗苑裡的宮廟,可以結合藺草藝術;新北平溪的宮廟,可結合天燈製作等等,總之就選定一項在地特色深入發展。

建立一文一武一地方特色,重點還是建立「無字之書」影響力,其可以刺激「三動」:走動、互動、活動,包括讓在地住民互動,也包含跨區交流,帶來文化新火花。此外還能夠培育人才,藉由特色學習,可以發掘在地人才,不同宮廟也可以交流人才,帶來人才匯聚,最終並能促進在地興旺,包含觀光層面的影響。

## 四、互助型志工隊

世事無常,難免會有種種的災難意外,包括天然災害也包含人禍,然而這些「意外」中,有很多其實是可以被「預防」的。

談起災難,可以分成兩個層面,一個是災難的避免,一個是災難的善後。前者目前主要依賴各種國家科學機構,後者就有賴警消及醫療系統。

無論如何,這些都難以全面。舉例來說,氣象局可以預測有颱風將至,水土保持局可以監控某些有土石流風險

的地區，但這樣就能避免災難嗎？其實比起國家級的整體預測，地方級的單位反倒更了解自己的狀況，例如 A 鎮的居民比較知道自己住處附近，哪裡有危險路段、哪裡比較可能有遊民聚集，B 村村民知道哪個山坡地可能常常有落石等等。

政府當然有長年建置的中央機構與地方的警消單位，然而在實務上，依然無法精準的即時救助各種突發狀況。在天災人禍發生前，我們需要更深入民間的先前建置，如果民間原本普遍就有分工合作的志工網，當各種意外狀況發生時，就能常態性提供快速及必要的支援。

志工隊的一大重點，就是相互交流及支援，所以稱為「互助型志工隊」，當 A 社區發生水災需要人手支援救難工作時，就能透過網路尋求其他地方的志工隊支援。互助型志工隊能做的，不光是急難救助，常見的三大支援項目有：互助災後的復原工程、互助農產旺季的銷售、互助臨時缺工相換工。

中華文化的重中之重，強調了人與人相互支持，以及相互之間的倫理關係。當家族的型態改變時，在社區中需要以「志工服務」替代以往「相換工」的美德。將全臺灣的宮廟連結起來，就會形成一個綿密的「志工網」，以急難狀況發生需要支援時來說，若有各地宮廟形塑的志工網，將更有效率。

## 五、設立讀經區

不論是結合宮廟體系一文一武一特色建立讀經班，或者成立讀書會研讀經典，都是推廣德育普及的方法。不過讀經班必須配合課程安排，以及集中上課的限制，不一定每個人的時間都方便，讀書會也是需要眾人配合時間才行。

原本宮廟有著讀經班，但這裡指的讀經，是在宮廟裡安排一個區域叫做「讀經區」，一般較大型的宮廟，其實也有這樣的讀經區，通常只在有法會等相關活動時，開放民眾伴隨僧尼念誦經文。

這裡指的「讀經區」則是常態開放給大眾，只要在宮廟大門對外開啟的時間內，民眾都可以來到此區，自己從書櫃上取一本經書誦讀。

這裡經書指的主要是釋、儒、道的古籍經典，例如《論語》、《孝經》、《道德經》等等，但也可以將範圍開放更廣，例如《聖經》或《可蘭經》，這指的不是整本經典，而是摘錄書中跟德育有關的篇章成一本小冊，好比《聖經》有談愛的章節，東方文化經典比較不談愛，因此讀經區也可以放入西方的經文做誦讀。

原本民眾去宮廟祭拜，可能擺放祭祀供品後，常常閒著無聊在一旁滑手機，一旦有了這樣的讀經專區，讓民眾可以撥個十到十五分鐘時間，讀一小段經典，在這個區域可以擺放一些小凳子、小桌子等等，讓民眾讀經，只要持

之以恆必有所益。

　　總結來說，這裡我們提出重新看待宮廟的新思維，既找回過往的德育價值，也能融入現代化的新觀念。好比導入社會菁英來主持宮廟活動、透過一廟一特色來重新展現宮廟的價值，這些都並非天馬行空的幻想，而是真正可以充分利用臺灣非常普及的宮廟資源。

　　當我們重新重視宮廟的價值，不僅僅是德育的復興，其他舉凡藝文活動方面也可以振興，串聯全國宮廟，也可以讓臺灣成為一個藝術之島。

　　鄭重呼籲人們善用這些分布全國的宮廟網絡，共同打造一個和諧的社會環境。

# 第十四章 世說新語

## 本章重點

新時代新觀念發揮宮廟的社教功能，寓教於樂人人終身學習，落實民間德育的功能，創造美麗的風景。

　　「世說新語」，意指「以現代的觀念趨勢來重新詮釋舊有的文化」，而我們聚焦的項目，都是跟德育相關的主題。包含宮廟，包含民俗節慶，包含神明等等。這些主題其實很多大家都耳熟能詳，好比像是成年禮，現代臺灣普遍只是當成一種藝文的儀式，已失去原本東方德育的成年禮意義。但我們也不是主張復古，而是以現代化的新型式來實踐，包含我們看待宮廟、看待神明也是如此。

## 14-1 宮廟成為新時代教育基地

在現代宮廟可以扮演全新角色的重要時刻，撕掉宗教化的標籤，找回宮廟的原本價值，結合不同的神明圖騰，融入新時代的應用成為各種社會問題解藥。

這裡我們特地舉出四個大家非常熟悉的宮廟與神明圖騰做範例，神明圖騰部分包含在第六章介紹過的八大神明圖騰之一：王母娘娘，並特別再以其他三位也同樣在生活中常見的神明圖騰：玄天上帝、王爺與保生大帝為例。

在教育的主科上：

- 玄天上帝：提升全民的法律常識。
- 王母娘娘：舉辦情緒管理家庭學。
- 王爺：全民參與災害預防。
- 保生大帝：推展健康的生活習慣。

### 玄天上帝

玄天上帝在古時候是正義之神，有為人間懲兇除惡的教育意義。到了現代，詐騙集團猖獗、槍枝氾濫、青少年沉迷賭癮，乃至於平常開車也會碰到惡意逼車等等，更需要玄天上帝這樣的神明圖騰，為我們彰顯正義的意義。

→世說新語：成立法律服務處

古代的正義到了現代，最貼切的對應領域就是法治，包含法律及警政。

透過各地的玄天上帝宮廟及神明圖騰，我們教育的重點，正是與「法」相關的生活教育，包含從小就開始建立起正確的法治觀念，平日研習各種生活中的法規，像是交通安全法規、智慧財產權法規、對人要有禮，不要涉及言語侮辱或違犯社會風俗法規……等等。

教育本就是百年大計，不是一蹴可幾，從小建立的習慣會帶來終身的影響力，像是玄天上帝一腳踏龜、一腳踏蛇，也正寓意著影響人間法治的兩大毒瘤，一個是貪官汙吏，一個是地方惡勢力。當人們普遍有著對法治的嚴格要求後，就會使整個社會更加朝法治前進。

我們希望玄天上帝代表的精神，可以透過日常教育深入民心，讓人打從心底就不敢違法，而不僅僅是出事後的法律究責。

**王母娘娘**

王母娘娘，在古時候是一個創世之神，有母儀天下的意象，也代表著家庭價值以及廣泛的人際關係價值。

→世說新語：開辦情緒管理學

在第六章介紹八大神明圖騰時，我們有提到王母娘娘寓意著的是「寬、和、堅、忍」，而這攸關著每個人的情緒管理，具體來說，就是現代人常說的 EQ，以及面對逆境依然可以「正面思考」的能力。

我們覺得在現代這樣的 EQ 學，應用在家庭中更是重要，因為家庭是社會安定的基礎，但往往新婚夫妻一開始，就排斥面對婆媳關係。新婚妻子不想面對侍奉公婆的壓力，也害怕跟婆婆發生衝突，同樣的，婆婆也不想自己被貼上惡婆婆汙名，覺得跟媳婦分開不見面也好。

但躲避並非治本之道，傳統的家庭觀念在這樣情況下，更顯分崩離析。以王母娘娘為精神核心，我們要特別從家庭著手，重視夫妻關係以及婆媳關係。

透過各地的王母娘娘宮廟，以及神明圖騰要學習「家庭學」，既然家庭是整個社會和諧的基礎核心，家庭學也必然會影響後續的各種人際關係，從最親近的夫妻關係，導入社會後的職場關係，以及一個人如何面對社會以及貢獻社會，基礎都是情緒管理。

### 王爺

王爺在古時候是一個除瘟之神，特別是在從前，經常有災害病疫降臨人間，需要王爺出巡來保境安平。而到了現代，別的不說，2020 年起的全球新冠肺炎、還有因為

地球暖化引起的各國氣候異常、暴雪以及森林大火……等等，現代社會更需要王爺神明圖騰代表的預防精神。

→世說新語：成立生活環境安全委員會

古代科技不發達，沒有科學儀器探測大自然的颱風或地震，也不了解傳染病背後的公衛機制，那時代的王爺，主要是做為心理安撫的作用。

到了現代，雖然有著先進的預防科技，但我們反倒缺乏了心理層面的認知，包含預防勝於治療的觀念，以及如何具體落實。

於是可以讓王爺宮廟成為在地的安全預防教育中心，並且可以依照不同地方的在地屬性調整內容，例如靠海的村里跟位在山邊的村里，教育的重心會不同，但共通的都是平日就要加強大家的預防觀念。

平日就要建立防治天災人禍的機制，建立可以預防災難詳細資料分析，且專人專責，各種災害防治攸關我們居民的安全。所謂的防治其實包含多端，可視不同地方而訂，例如有些位在山邊的鄉村，必須擔心的是土石流；有些較繁華的地方，要擔心的是交通事故；另外有些偏鄉擔心的是青少年被帶壞，成為不良少年，進而危害地方。

平常就該有相關的數據，例如當地水土保持的狀況、當地行為偏差少年的關懷追蹤……等等。

每一個王爺宮廟據點，除了常態性的教育外，也要組建居家安全委員會，可以採分工方式，例如有人負責交通、有人負責青少年問題……等等，並且結合 KPI 管理。

舉例來說，經過分組的投入，關注到地方的種種問題，好比某個路口常發生車禍，是必須重點關照的地方，因此透過長期觀察及執行討論過後的政策，以數據為基礎，可能過往這個路口每年會發生三十起車禍，死亡人數有多少，但後來做了某些措施，包含建立警示路牌以及限速用的道路突起設計，結果今年統計車禍只發生不到十起，無人死亡，這就是科學會的 KPI 管理。

## 保生大帝

保生大帝，在古時候是一個醫學之神，傳說中醫術高超、救人無數。

### →世說新語：開辦健康講座

古時候的醫學科技跟現代相比，相差何止千倍萬倍？然而醫學其實是下下之策，當不得不面對醫師時，往往已經是發病或發生狀況了。真正的健康之道，應該是平日的養生保健。而比起從前，現代人並沒有因此更重視健康，相反的，現代人接觸的有害健康飲食及生活環境更嚴重，更需要保生大帝所帶來的保健觀念。

　　我們應該將保生大帝的宮廟及神明圖騰，視為健康教育中心，平日宣導正確的保健養生觀念。結合保生大帝的世說新語應用，平日經常性的開課教導養生學，並且組成健康宣導大隊，可以輪值於在地做宣傳小冊以及訪視等，舉凡勸戒不要吃檳榔、不要吃太多含人工化學成分的零食、勿飲酒過量等等。

　　另外，在鄉下地方常有老人家誤聽地下電臺廣播廣告，吃了太多成藥，這些在平常時候，也可以透過健康宣導大隊來輔導正確觀念。

　　以上僅簡單舉四個宮廟與神明圖騰的範例，其他各位讀者都可以舉一反三，例如土地公廟與理財學、關聖帝君與商場道義學……等等。

## 14-2 成年禮

　　大家都聽過成年禮，但是否認真去思考過成年禮的意義？

　　平實而論，現在化的成年禮，比較類似一種做表面功夫的觀光噱頭，重心放在「禮的表演」，而沒去深究「成年的意義」。在古時候，其實不論是 20 歲男子的冠禮，或是 20 歲女子的笄禮，都有真正深厚的人生里程碑意義。

　　當然，時代變了，我們不一定要盡復古禮，然而我們可以用世說新語的精神，重新導入現代化的成年禮。

### 世說新語成年禮的重點

- 20 年的人生檢核點設定

　　從前的成年禮，把 20 歲看成是轉大人的轉折點，亦即把人生分成 20 歲前跟 20 歲兩個階段。

　　世說新語成年禮，是以每 20 年視為一個人生轉折考核點，於是不會只有 20 歲的成年禮，而是有 20 歲、40 歲、60 歲三大成年禮。

- 成年禮的線性概念

過往的成年禮強調「點」的象徵效益，亦即只有將滿20歲這天當成人生一個重要的轉折「事件」。

世說新語成年禮重視的是每個成年禮的「線性效益」，並且環環相扣成為整體的人生「面」。何謂線性效益？以20歲為例，20歲前就要累積達到20歲須具備的「標準」，20歲後則是一方面要讓達成這樣標準的自己，真正貢獻社會，二方面則是要朝下一個標準做準備。

如下表：

| | | 家庭標準 | 社區標準 | 社會標準 |
|---|---|---|---|---|
| 20 歲成年禮 | 20 歲前 | 接受身教、言教 | 透過三動積極學習 | 建立學習者基礎 |
| | 20 歲 | 成為當責的人 | 正式參與社區事務 | 成為文化學習者 |
| 40 歲成年禮 | 20-40 歲 | 學習承擔更大責任 | 更加嫻熟社區事務 | 讓自己更有能力 |
| | 40 歲 | 成為高階當責者 | 成為社區中堅主幹 | 成為文化實踐者 |
| 60 歲成年禮 | 40-60 歲 | 引領青少年成長 | 逐步變成意見領袖 | 累積人生的高度 |
| | 60 歲 | 成為家族中的長老 | 成為活動主策畫者 | 成為文化傳承者 |

| 80 歲<br>成年禮 | 60 歲以<br>上 | 成為家族寶<br>藏 | 成為社區的<br>寶藏 | 成為社會的<br>寶藏 |
|---|---|---|---|---|
| 人生階段目標：20 歲是文化奠基者，40 歲是文化實踐者，60<br>歲以上是文化傳承者 | | | | |
| 人生整體標準：成為一個有人格的人、成為一個有路用的人 | | | | |

## 世說新語成年禮的三大重點：當責、目標、實踐

1. 區分「成年」的關鍵在於當責。要符合一定標準才能當責，亦即人們可將事情託付給你的意思。所以還未滿 20 歲前，要累積自己實力，讓自己滿 20 歲時可以當責。滿 40 歲前，要累積自己成為更高階當責者（文化實踐者）的實力；滿 60 歲前，要累積自己成為家庭社會寶藏（文化傳承者）的實力。

2. 貫穿成年禮的核心概念是中華文化，目標也就是整體德育的目標。成年禮可以有很多檢視標準，但最終一切要回歸到做人做事的道理。要謹記我們做人做事道理依循的，是東方文化的標準，而非強制把西方標準套用在我們頭上。

3. 成年禮最終要落實在「實踐」。成年禮不像有字之書教育，以為考試過關就好，成年禮的落實依循的是無字之書，其三大成就領域依序是：

家庭、社區、社會，透過無字之書的重要實踐場域，就是民間信仰的風俗、禮俗、習俗。

## 世說新語成年禮的進階論述

我們可以將一生畫成一個圓，如下圖所示，可以看到這是一個從家庭出發，最終還要回歸家庭的過程，亦即每個人從一出生，就在家庭受到德育培育薰陶，等經過成年禮，成為一個當責的人，就可以對世界做出更大的貢獻。

這個圓經歷的三個主要環境：家庭、社區、社會，正好對應著「齊家、治國、平天下」三個境界，最終人由年少到年老，經歷過三次成年禮的檢核，真正成為一個寶藏，當逐漸年老時則聚焦回歸家庭，扮演好傳承的角色，而在德育的環境下，老人家也可以得到家族最好的照養。

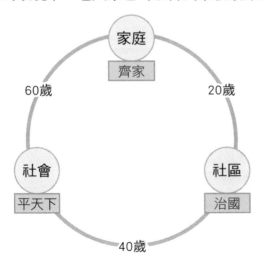

### 世說新語成年禮與中華文化

　　成年禮的具體評估標準，是植基於中華文化，是站在東方文化的共同價值觀，而非套用西方的觀點在我們身上。站在前述線性效益 20 歲、40 歲、60 歲的三個主力成年禮評核階段，對應以下三大文化思想概念：

| | 三生三世觀 | 文化核心價值 | 天地信仰 |
|---|---|---|---|
| 20 歲成年禮 | 學習主項：生存之道<br>對應德育：道<br>重點發展：身 | 中庸 | 敬物 |
| 40 歲成年禮 | 學習主項：生活之道<br>對應德育：儒<br>重點發展：心 | 和諧 | 用物 |
| 60 歲成年禮 | 學習主項：生命之道<br>對應德育：佛<br>重點發展：靈 | 空性 | 惜物 |

## 14-3 資源共享創造和諧

當我們談到德育的境界時，很重要的兩個字就是「和諧」，而在前面我們探討德育養成時也曾提到，和諧的背後，「共享」是很重要的理念，也是齊家、治國、平天下的關鍵。

古早時候因為懂得「共享」，讓家族與家族、族群與族群間變得和諧。到了現代社會，我們可以世說新語重新詮釋「共享」，其應用領域很多，這裡僅以三個「地」的角度來做個總覽：

提起「地」，人們第一個聯想到的就是「房地產」。在臺灣，不論是都市或鄉村，因為「有土斯有財」，於是土地成為了珍稀資源。有者炒地皮，有者變更地目，還有種種的土地糾紛，原本只是讓人安身立命的一方空間，後來因為有了利益計較，就有了爭奪、有了貧富差距、有了社會對立。

已經劃入私有財產的土地，這裡就不予討論，但針對民間廣大的土地「應用」，最典型的有三種地，亦即提供人類食物來源的農作物土地，還有大自然賦予的山林地，以及本就應人類共享的整個大地。

這裡分明說明如何共享：

## 土地資源共享

農民血汗耕耘，才能讓全民有健康食物可以吃，但農民生計經常需要靠天吃飯。如果農民辛勞耕種，且經濟效益有限，還要再區隔一小塊一小塊個別的土地，那效益更是大減。

以世說新語的觀念，農田是私有財產這沒有問題，但我們只針對在生產時候可以土地資源共享。

具體作法如下：

• 政府端

扮演管理分工角色，統整所有土地資源，農民負責生產，政府負責銷售。農民努力生產優良品質的稻米、蔬果，無論生產多少，政府都有責任全部銷售一空，並且銷售的價格一定要讓農民有一定的利潤。不要說全世界的市場，光是亞洲的消費能力，就已經是臺灣的幾十倍，政府只要幫忙建立通路，絕對不會有生產過剩的問題。

• 宮廟端

當政府統籌的是大方向的整體農作物（含漁產）分配，在各個地方，以宮廟為地方中心，協調在地民眾分配資源，讓農漁牧資源都可以共享。也透過產、官、學合作，深化生產技能，以及產銷平衡。相對於農會比較官方屬性，宮廟正可以做為政府與民間一個很好的資源分配中介橋梁。

## 山地資源共享

臺灣有 200 多座 3000 公尺以上的高山,數百條的登山路線,幾乎一年四季都可以登山,高山上不同季節有不同的風景,讓人去了還想再去,永不厭倦。開發登山資源成為觀光的主力產品之一,可作為臺灣經濟轉型的重要項目。

以世說新語觀念,如何一方面對山地資源做應用,二方面也兼顧山林保育?具體作法如下:

政府同樣負責統籌管理全臺所有的山脈,但可以採納更大的靈活應用,而非不同部門不相統屬,登山歸登山、護林歸護林。

可以有著多贏的做法,既善用山地資源,又可以不需大量公務員人力,方法就是結合原本住在山地區域及周邊的原住民。首先,規範好臺灣所有的山林及步道,政府提供經費,然後由不同原住民族認養,他們平常負責維護好山徑以及小木屋,並且成為該認養山地的專家。

以每一條登山步道來說,負責經營的團隊,不僅當嚮導、背食物,還要有人長年駐守在山屋,負責維護設備、步道維修、講解生態、行前講習、提供登山裝備、緊急救難、照顧山友健康、確保登山安全。

而對民眾來說,山地資源共享,但也要做到使用者付費,登山者要支付一定報酬給原住民。如此創造多贏,政府善用全國山地資源、民眾擁有高品質的山地,得以

欣賞風景以及登山活動，原住民朋友也解決了長年的經濟問題。

## 大地資源共享

這裡的大地範圍更廣，談的是人類生存的主要資源：陽光、空氣與水。這裡要強調，像空氣這種資源是屬於「大家」的，我們有義務要維持這個資源的乾淨清新。另一個資源水也一樣，包括兩大跟水有關的現代文明病症，一個是水質汙染，一個是大海被我們「竭澤而漁」。關於空氣與海洋環保議題，相信大家平常都閱讀了很多這類報導，在此則以資源共享的角度，提醒讀者重視這件事。

特別是如今節能減碳已經是全球化的共識，可以說過往上百年期間，世界各國各自為政，拚命的榨取地球資源，甚至為了爭奪資源，也掀起過不少的戰爭。

如今地球暖化，整個人類都面臨興亡的危機，也因此，不論東西方各國都知道，不能再漠視這件事，願意放下成見，針對節能減碳問題共同討論。也透過資源共享方式，建立國際化規則，為了人類未來共同努力。

而其實東方文化很早以前就強調和諧共享的價值，如今只是各國猛然醒覺，重新回來發現和諧的意義，一起資訊分享也資源共享。

# 第十五章 德育的實踐在家庭與個人

## 本章重點

從家庭層面導入社會問題解方：

(1) 房屋全改建都市大更新；

(2) 政府送一房國家展新政；

(3) 三代住同堂老幼相扶持；

(4) 人人當志工事事有人做。

　　本書行文來到了「德之行」關鍵的篇章，我們要來談一個攸關社會亂象治本之道的重要環節，也就是家庭，最終也會導入個人。

　　當我們談「德之行」時，有四個切入點，分別是個人、家庭、社區與社會。亦即：

1. 如何在個人行為落實？
2. 如何在家庭層面落實？
3. 如何在社區落實？
4. 如何在社會落實？

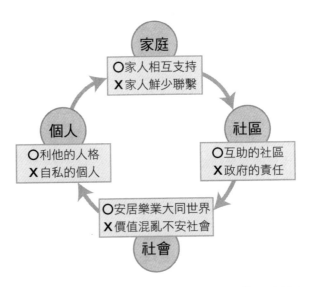

家庭
○家人相互支持
✗家人鮮少聯繫

社區
○互助的社區
✗政府的責任

個人
○利他的人格
✗自私的個人

○安居樂業大同世界
✗價值混亂不安社會
社會

　　如圖所示，四個環節是緊密相扣的，萬一任何一個環
節出問題，就會引起其他環節不完整，其中最關鍵的環節
就是家庭。在前面我們聚焦在社會，接下來我們就來談談
家庭與社區。

# 15-1 都更 vs 德育

要談社會的種種現象，背後的四大環節：個人、家庭、社區、社會，一環扣一環，但歸根究柢，最有力量將四個環節統整的，依然是政府。

所以面對社會問題，政府不該以醫師看病的心態想要去做治癒，而應該知道，政府就是所有問題的根源，願意用心去認識整個環節，才能找到真正的解方。

## 從心著眼看待四個環節

當討論由個人到家庭這四大環節中，有關家庭和社區的部分前，讓我們先來問問，人們心目中對幾個關鍵名詞的定義：

|  | 錯誤的定義 | 真正的定義 |
|---|---|---|
| 人 | 人們只是具備各種專長，在社會各自崗位上做出貢獻的工具。 | 每個人都是寶藏，都是有人格、有路用的人。 |
| 家庭 | 家庭是父母把孩子養大就各自紛飛的驛站。 | 家庭是形塑人格的最重要基地，人與人互相支撐的所在。 |

| 社區 | 社區只是個有保全管理的地方。 | 社區應該是取代從前大家族互助合作共創美好生活。 |
|------|------------------------------|--------------------------------------------------|
| 社會 | 社會只是有權有勢的人呼風喚雨的舞臺。 | 我們可以找回德育，形塑一個老有所終、壯有所用、幼有所長、鰥寡孤獨廢疾者皆有所養的社會。 |
| 房子 | 房子只是遮風避雨的地方。 | 房子的形式影響人與人互動的強度與密度。 |

　　這時候我們就會發現一個常被忽略的關鍵因子，那就是房子。

　　讀者們者思考一下，從古時候到現代，同樣都有著由個人→家庭→社區→社會四個環節，但是在哪個環節出了問題，導致現在的社會亂象？

　　不婚族越來越多、結婚年齡越來越延後、少子化情況也逐年加劇，對應的影響就是臺灣高齡化、年輕人負擔越來越重。而家庭本身經常是失和的問題根源：離婚率高、家族及姻親間關係冷漠，孩子養育出問題，大量成長過程有缺憾的青年入社會，成為社會亂源。

　　加上因為怕孩子沒人帶，不敢生小孩，而長期家庭關係疏遠，導致許多人老後孤單。生活充滿焦慮不安，於是很多人內心都藏著情緒，一被觸動就爆發，演變成新聞每天報導的鬥毆爭吵，甚至只為了細故就殺人。

　　但這些現象是自古就有的嗎？顯然不是，臺灣的人情

味還在，因為背後植基於深厚的傳承文化底蘊，只不過近代以來各種問題才變嚴重的。背後根源，就是大家族為主的社會型態，轉變成小家庭型態社會。轉型為小家庭的過程，產生了心靈上的負面影響。

家庭本來可以培育心靈的功能失去了，因為父母沒空照養小孩，原本可以協助的祖父母，在小家庭中被排除了。而原本可以在生活中提供身教言教的長者也不見了，讓孩子的德育養成失去依託。

社區本來是進階的德育實習場，但現代化的社區，卻只是一戶戶疏離的住戶集合，幼年到青少年間，原本可以學習德育的場域也就沒有了。缺乏德育培育的空虛青少年步入社會後，自然就形成茫然無序的社會，而這些無序的心靈，又反過來透過隱善揚惡的媒體，傳播錯誤的德育觀念給下一代，形成了負面循環。

其實以上的心靈缺口，只要從一開始家庭環節做好就可以補足，因為房子形塑了我們的生活型態。

## 建立正確心靈迴路

不論是家庭、社區還是社會，都是由「人」所組成的。一切的思考，如果沒有站在這樣的基礎，就很容易有偏頗。以人為本，人和社會的總體關係是什麼？簡單來說，就是從家庭出發，最終回歸到家庭，讓我們分成東西方兩個圖來表示：

## 西方社會型塑圖（線性遠離概念）

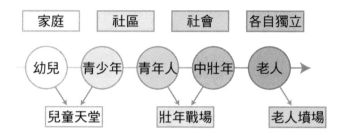

## 東方社會型塑圖（圓形正循環概念）

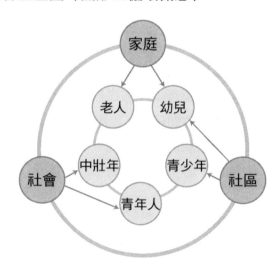

使老有所終、壯有所用、幼有所長

鰥寡孤獨廢疾者皆有所養

如上面兩個圖，西方的思維是一條射線，離家越來越遠；東方的思維是個圓，如同太極般運轉。如果站在西方的角度思考，不免就落入面對問題頭痛醫頭、腳痛醫腳的困境，忘了回歸到我們東方的思維，由人回歸到人，由家出發回歸到家。

如何找回東方思維的這個圓，政府其實只要簡單的從一個重點著手，如圖所示，聚焦在家庭，而讓家庭回復原本德育的正循環，關鍵就從房子著手。

為什麼我們一直強調房子？以下我們就來檢視社會生病跟房子的關聯。

## 把握都更機會，重建家族結構

1960 年代開始，臺灣經濟起飛，工商業發達，戰後大量的嬰兒潮逐漸長大成家，社會上開始興建大量三房兩廳的公寓。一對從中南部到北部打拚的年輕夫婦，生育 2、3 個小孩組織小家庭，居住三房的公寓剛剛好。

但進入 21 世紀之後，戰後嬰兒潮所生的小孩，逐漸到了適婚年齡，原本兄弟共住一房，其中一個要成家，就必須另覓房屋，然而房價漲了十倍買不起，租屋去掉月薪的三分之一，生了小孩送到托育中心，又是一筆大費用，如此現象，自然產生了不婚族和少子化。

兩撇的「人」字，代表著人是必須要相互支撐才能生存，如且同疊羅漢，底層越多人支撐，越能疊得穩、疊得

高。現代小家庭因為相互支撐的人少，所以才衍生出一大串社會問題，幼兒保育問題、青年教養問題、小屁孩多、毒品案件多、詐騙集團多、年輕人不婚、離婚率高、單親家庭多、壯年人買不起房屋、獨居老人多……等等。

而要做到以上所講的這件事，我們剛好碰到千載難逢的機會，那就是「都更」。具體來說，1960年代所蓋的房子，一方面經過幾十年已經老舊，二方面當年許多的建築工程本就有技術上的問題，所以來到21世紀，臺灣南北各地都面臨都更的問題。

如果說原本大家庭制度被破壞，導致德育斷鏈，並且培育出心靈失根的下一代，那麼都更不正是政府可以重新導正的機會？只要當年的錯誤不要再犯，現在藉由都更，可以用相對最少的成本，來重新找回德育的基地，不需要完全回復到大家庭，但至少可以形塑中型家庭。

如何藉由都更的機會，從個人到家庭再到社區，最後到社會將心端正，形成正向循環。有穩定的家，才有強盛的國，治國要先齊家，社會問題的根源，既然是因為三房兩廳的小家庭瓦解了傳統大家庭，甚至於家族互助的功能。

找到病灶就要對症下藥，解方就是「建構三代同堂中型家庭，家族化互助型的社區」，導引家庭與居住的社區做到「老吾老以及人之老，幼吾幼以及人之幼」，才是根本解決社會問題之道。

　　臺灣的問題冰凍三尺非一日之寒，如今已是以小家庭為主的社會，要調整成為全面中型家庭，並非一年半載可做到，都更是迫在眉睫、政府應該投入的社會轉型契機，我們提出的兩大解方，並且硬體、軟體兼顧：

解方一：三代同堂
　　硬體：政府送一房，四房空間足。
　　軟體：全民家庭學，情緒管理好。

解方二：家族化社區
　　硬體：兒童學堂，老人共餐。
　　軟體：人人志工，事事志工。

　　下面我們來分別介紹說明。

## 15-2 解方一：三代同堂

　　都說沒有國哪有家，但反過來說也適用，沒有家哪有國？家的環節不對了，國家整體也就亂了。家帶給社會的負面影響，主要是來自家庭培育出來的人，進入社會後的心理態度及思維。

　　具體來說，大家庭制度培養出具備倫常基礎的人，這背後就是東方文化的團結及和諧；小家庭制度培養出來的卻是追求獨立自由，但卻少了對家庭的責任。

　　其實人人都想要享受權利，卻都不愛擔家庭的責任，而小家庭就讓這樣的思維更加根深柢固。也就是說，很多人只顧自己，不想要扛關於家的責任，於是晚婚、不婚或是維繫婚姻不力。

　　家是需要鞏固的，但小家庭思維往往太過重視自己，年輕人結婚後，希望長輩不要干涉，老人家也覺得年輕人搬出去就算了，自己也落得清閒，但最終，就演變成人生五大階段都出了問題：

- 幼兒：缺家人照顧，仰賴公托。
- 青少年：少了長輩關懷，情緒管理差。
- 青年人：不婚不生，缺乏挑起一家之主擔子的責任。

- 中年人：離婚率高，買不起住房。
- 老年人：貧病孤單帶來社會負擔。

以上缺點，若是能找回家庭價值，就一切可迎刃而解，我們無法重回古早時候的大家族社會，但只要形塑中型家庭模式，一樣可以帶來德育教化的效果。這個模式就是三代同堂模式，也就是一個家庭由祖輩、父輩以及子輩構成，家人可以照顧長者，做到老吾老；祖輩可以協助養育孩子，做到幼吾幼。

如何找回三代同堂呢？有兩大關卡以及突破做法。

## 三代同堂關卡與解決之道

### 關卡一：沒有祖輩的房間
### 解決之道：都更政府送一房

我們現代的小家庭模式，其實也是環境逼迫出來的，工業化轉型時期，刺激出大量三房兩廳、兩房一廳等只適合小家庭的房型。

現在正好又是另一個大環境的變動時刻，六、七〇年代的房子已經逐漸老舊，全國都面臨需要都更的問題，政府正好可以藉由都更的機會，矯正回正確的房型，有了足夠的空間，讓三代同堂家庭成為可能。

既然三代同堂可以解決許多社會問題，政府每年花費大筆經費處理層出不窮的社會問題，與其治標不如治本，

藉由都更的機會，全部都興建四房兩廳的房型，其中一房由政府出錢贈送給祖輩，解決三代同堂空間不足的問題，相信如此一來，民眾也因此樂意都更。都更政府贈送一房的政策，每年以 20 萬戶為目標，額滿為止，慢來者必須等待下年度的預算。民眾為了早日實現居住四房的機會，會增加都更的意願。

## 關卡二：擔心不和的心理障礙
## 解決方案：推廣情緒管理的家庭學

比起硬體層面的必須從上而下，由政府帶頭鼓勵四房兩廳房型，需要有計畫性結合政府與在地資源投入，在軟體方面，更是必須要有如同教育是百年大計的準備，好好從根做起。這不是一朝一夕可以達成，甚至也不是一代之內可完成，但越早投入，越能帶來長治久安的社會現象塑造。

### 問題根源端

我們要思考並正視以下五個問題的根源：

1. 為何現代人動不動一有摩擦就起衝突？

那是因為從小到大就在一個疏離的環境中長大，沒能建立情緒管理的能力。

2. 為何不婚族越來越高，離婚的怨偶也越來越多？新婚夫
   妻不愛跟婆家住？

　　因為一開始就怕衝突，無法接受對方跟自己的不同，
乾脆不要成家。包括害怕婚後跟對方家人衝突，如婆媳糾
紛等，也擔心婚後夫妻倆生活起衝突，即夫妻不和。

　　實際上，也真的許多人戀愛可以談十年，結婚卻三個
月就仳離，關鍵就是一旦朝夕相處，雙方都缺少面對不同
的生活習慣和價值觀的情緒管理智慧，無法面對摩擦衝突
就選擇逃避，因此離婚。至於婆媳間也避免代溝，乾脆就
各住各地，但這其實也是逃避的一種。

### 3. 懂得心和才是關鍵

　　老祖宗告訴我們，做人做事的道理就是四字箴言：
「寬和堅忍」，寬恕、心和、堅強、忍耐，不是要我們做
表面功夫，相反的，以「心和」為重心，我們必須從內心
裡真正做到「寬和堅忍」。

　　也就是說，碰到與人意見不一致時，我們不是表裡不
一的假裝忍耐，那樣的忍耐久了，反倒會爆發更大的衝
突。而是要打從內心裡認知，我可以理解對方的價值觀和
生活習慣跟我不同，就如同在他眼中，我的價值觀跟生活
習慣也跟他不同。我很感恩他可以包容我的不同，我也真
心接受他的不同，並且學習他的生活習慣和價值觀，與他
和諧互動。

### 4. 確認東方人對家庭的責任觀念

人人都愛自由，但如果大家都追求自由，社會架構就會崩塌，要成家者，要有身為家的一分子該盡的責任，有照顧長輩教養晚輩的義務，不能逃避，這是做人做事基本道理。

### 5. 找回家的價值

家的價值是什麼？《孟子・梁惠王上》提到：「老吾老以及人之老，幼吾幼以及人之幼。」這裡告訴我們家的第一個價值是「相互支撐」。本書開宗明義就提到，「做一個有人格的人，做一個有路用的人」，這就是家的第二個價值：人格養成。

有了以上五點認知，這才是情緒管理的真義。

**具體落實端**

先從家庭基本層面來看，推廣情緒管理的家庭學，具體的做法有：

1. 結合原本民間就有的資源，將「寬和堅忍」做為情緒管理家庭學的重要教義，建立從小就接觸情緒管理家庭學的長期習慣，全國有情緒管理家庭學師資、學習制度以及具備公信力認證，建立情緒管理家庭學學分制。

2. 學分制的的做法，建議把情緒管理家庭學細分為不同的學門，建立相當學分。舉例來說，一個學分可以代表十二堂課，每人從小就要累積學分，但情緒管理家庭學的學分不是為了文憑，是為了要能具體落實在社會應用。例如一個成年男女，結婚之前必須要修足十個情緒管理家庭學學分，甚至當他達到學分時，他本身就會很想成家。

有了三代同堂的居所，加上情緒管理家庭學推廣後的心靈成長，就能從家開始改變社會氣氛。情緒管理必須建立在東方文化的四維八德基礎上，有做人做事的明確準繩作為依據，情緒管理才不會偏差，都是植基一個穩固且全民遵守的價值觀。

## 德育的正道：共同的價值觀

不論是東方文化或者西方文化，統治者治國若想要國家安定，首先就要建立一個讓人依循的標準。在中國古時候，皇帝都要祭天，也要祭孔，重點不在祭拜孔子，而在昭告天下，我們東方文化的準繩是儒家文化；同理，西方人到今，以美國為例，總統就職要手按《聖經》，背後寓意不是要大家一定要信奉基督教，而是基於《聖經》的一套準繩。

有了準繩，人們就有一條道路可以依循，有道路可以

依循，就知道怎樣做人做事，從小到大的價值觀建立，就
有個心靈依歸。

依循，就知道怎樣做人做事，從小到大的價值觀建立，就有個心靈依歸。

必須說明的是，準繩沒有對錯，重點是要建立一個全國上下一心的規範，讓人民可以依循。西方有西方的準繩，東方有東方的準繩，如果全世界大家的準繩都一樣，那麼一部世界憲法就可以讓世界和平。但現實社會不是如此，而是有東西文明各自發展不同的文化、不同的準繩。

臺灣的問題就是，我們原本擁有東方文化的準繩，卻被屏棄或者漠視，但硬要套用西方準繩，又明明與我們本身的文化不同，結果就是我們失去準繩。若孩子從小長大失去核心價值，失去心靈依歸，就會造成嚴重的問題。

試想，當你要參加一個比賽，卻連比賽規則都不知道，那怎麼可能會成功？如此造成種種社會亂象，舉例來說，現代人不婚，光是這件事就可以衍生很多後續問題，包括少子化、老人扶養問題等等。

在以前我們是有準繩的，大家都知道孝道是做人基本道理，也知道「不孝有三，無後為大」，在這樣的準繩下，人們要孝順父母、要成家立業，這些都是天經地義的。然而現在失去了這樣的準繩，所以大家愛怎樣就怎樣，不婚如此普及，也沒人可以說什麼，因為沒有了準繩，才會造成我們的社會亂象。

## 15-3 解方二：家族化社區

　　從前年代的宗族社會，透過大家族間的互動，做到德育教化，並層層遞進。

- 藉由過年過節，讓家族鄰里間彼此「**走動**」保持連結，這是習俗。
- 藉由婚喪喜慶，讓宗族親友間彼此「**互動**」建立情感，這是禮俗。
- 藉由民間習俗，讓社區族群間彼此「**活動**」打造和諧，這是風俗。

　　進入現代社會，以上的走動、互動、活動，這三動如今要導入社區。

### 家族化社區關卡與解決之道
關卡一：沒有走動、互動、活動三動機制
解決之道：推廣社區人與人間連結的機制
1. 兒童學堂（找回禮俗）

　　以幼兒讀經班為例，社區的孩子藉由上課，彼此就會互相走動，而孩子們的家長也會互相交流、彼此互動，課程會衍生出很多活動，諸如小狀元會考、頒獎表揚等等。亦即過往的婚喪喜慶禮俗，藉由學堂形式重新找回。

## 2. 共餐餐廳（找回習俗）

- 老人共餐：社區老人得到照顧，年輕一輩來陪同，也相互交流。
- 交流聚餐：訂好規範，由不同住戶輪流作東擔任主廚，歡迎鄰居一起來聚餐。
- 年節活動：結合一定主題，社區常態辦理共餐，就好比傳統農業社會，有各類祭典節慶，社區可以設計中餐節、水餃大賽、端午節包粽子、異國美食饗宴等活動，一年四季藉由共餐餐廳，聯繫大家互動。

## 3. 社團活動（找回風俗）

建立有主題的社區，例如現在在新北市汐止區，就有一個夢想社區，還發展成了汐止地區的重要節慶，每年舉辦夢想遊行。未來若家族社區化，可以一社區一特色，凝聚更大的向心力。

關卡二:同社區的鄰居冷漠的關係
解決之道:人人做志工,事事有志工

**觀念:我為人人,人人更為我**

　　某社區巡守隊,有一句座右銘:太太我要永遠保護您,孩子我要您平安長大。

　　這口號什麼意思?就是說我們都是團體的一分子,想照顧心愛的家人,不是單單基於個人的力量,而是需要整個社區的力量。

　　舉例來說,如果我們本身在社區擔任志工,當換我輪值的那一天,我一方面照顧到我的妻子、孩子,一方面還照顧到社區其他家庭的妻子、孩子。而換其他日子,輪到其他志工,他們也會照顧到我的家人,一年三百六十五天都有人照顧,這就是互助型社區志工概念。

　　社區不只有巡守志工,還有環境志工、安親志工、關懷志工等等,所以既是人人當志工,也是事事有志工。想想,我貢獻一己小小心力幫助社區,可以得到大大的回報,我只付出一小部分時間,但回報卻是十倍以上,這就是志工的魔力。

## 15-4 德育與香火

　　我們談了兩個鏈結「個人→家庭→社區→國家」的德育解方，結合全國性的都更規畫，找回現代化的三代同堂，也在這樣的都更過程中，打造家族化社區，以全新的形式，重新落實過往曾有的德育境界。

　　然而也必須說，前面談到的兩個解方，雖然可以帶來影響力，可是那是比較透過結合政府與民間力量型塑出的社會型態，來導正、找回曾有的德育。這是屬於外在層次的作法，但如果少了內在的精神層次，依然可能會變成事倍功半。這個內在精神層次，也就是第一篇談過的兩把金鑰。

　　這裡先用三個圖來呈現，第一個圖是原本屬於東方的德育境界，第二個圖是因為西化等帶來的德之失，導致如今的社會狀況。

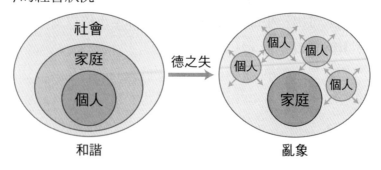

　　再來就是第三個圖，也就是我們想要透過德之行的做法，找回原本的德育。但請注意，失去可以完美的找回來嗎？其實是不能的，就好像花瓶被打碎了，就算用強力黏劑全部黏回去，也已經不是原來的花瓶了。

　　我們不求完美找回原來的德育，那是不可能的，畢竟我們已經接受西化那麼久，但要找回德育的精神，也就是植基於東方原本的優點，雖然融合西方的優點，可是依舊可以有東方德育之美。做法如下圖；

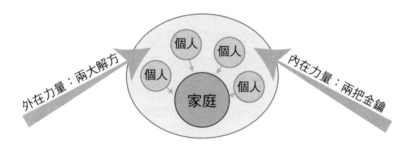

　　就好像透過兩股力量，一外一內，把碎掉的花瓶黏合起來的概念。而如果說兩大解方代表著黏合的力量，那兩把金鑰就是黏合劑，而如同第一篇我們介紹過的兩把金鑰，其關鍵就是香火。

　　香火是維繫的力量，一個是屬於家庭的香火，一個是屬於社會的香火。如果沒有找回香火的精神，即便政府規畫了三加一房，可以供三代同堂的居所，以及家族化社區，效果還是有限，因為精神層面沒有跟隨。

　　要找回香火的觀念，因為有了香火，才能打從心底願意接受三代同堂。

　　其實香火的觀念本已深入民間，政府要做到的只是「喚醒」以及「普及」。好比說有一首長輩都耳熟能詳的歌曲，也就是寶島歌王葉啟田的《愛拚才會贏》，就有這樣一句歌詞：「哪怕失去希望，每日醉茫茫，無魂有體親像稻草人。」

　　中華文化把「家」人格化，「香火」為「魂」，房子有香火，而成為家族聚集的中心，民間信仰和民俗活動在有香火的房子裡，一代一代的持續進行，繼起的生命在民間信仰和民俗活動的薰陶中，吸收前人智慧，培養健全人格，成為有路用的人，香火延續代代相傳。

　　香火是民間信仰和民俗活動的圖騰，家中若沒有設置香火，民間信仰和民俗活動就無從運作。香火傳承延伸出的民間信仰和民俗活動，是中華文化教化百姓重要的一環。近代由於工商的興起，香火觀念式微，造成一連串的社會問題，雖然執政者想方設法以增加社會福利試圖解決，都只是治標不治本，社會問題仍然不斷擴大。

　　治本之道必須回歸到人的心靈教化，也就是每家每戶能夠設置香火，小家庭不一定要安置祖宗牌位，也可以在房子裡的一個角落，很雅致的布置一尊個人崇拜的神明，例如觀世音菩薩、土地公或恩主公等，每天出門或歸來時，雙手合十膜拜幾秒鐘，和神明也是和自己對話，

如此日積月累下來，一定會得到神祕的力量，心想事成實現願望。

香火不絕，導引繼起宇宙的生命不絕，房子有香火就有魂；家有香火，促進家人心和相處，個人每天和神明對話，產生無限動力。期望每個家庭都布置一處象徵香火的聖地，有香火的社會道德不淪喪。

因此除了兩大解方，唯有加上香火觀念，才能畢盡全功。

## 15-5 德之行總結

　　從「德之知」一路探討到「德之行」，我們可以用簡單的概念來總結闡明，如今社會亂象與德育間的關聯如下圖：

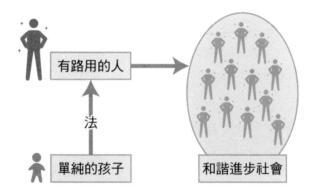

理想的社會形式：

1. 孩子在適當的德育環境下孕育成長。
2. 走在一條德育道路（法），就能成為有路用的人。
3. 社會上都是有路用的人，就會是和諧進步社會。

　　然而，上圖中的一個關鍵環節，如果沒了中間那個「法」，也就是在前面我們討論過的，生在東方一個最基

本的共同文化價值觀，少了此「法」，那麼孩子到成人這過程間便會無所依循，就無法培養出有路用的人，社會亂象於焉而生。

人人偏離正道，因為少了中心思想，沒有三生三世的基本信仰，就是說祖先跟你無關，孩子跟你無關，你不想對家庭負責，也不想扛任何責任，只想自由自在，卻換得心靈空虛。心沒了，談什麼都是空的，因此「德之行」的重點，就是找回心靈依歸。

以下我也用一首詩來表達感想：

政府贈一房都更展氣象
官員美德政社會大改造
得四房兩廳闔家天倫樂
喜三代同堂倫理得彰顯
婆媳皆同心撐起半天邊
家庭若健全社會必安定

辦兒童學堂讀經有教養
陪老人共餐營養又健康
社區共活動組織大家庭
全民勤學習分工見和諧
懂寬和堅忍掌握好情緒
臺灣真實力亞洲美名揚

# 第十六章 尋寶：寶在哪裡

**本章重點**

歸納認識什麼是寶藏，以及如何落實生活中尋寶的具體應用？尋寶的最終目的，就是要讓人人成為有人格的人，成為有路用的人。這是臺灣取之不盡、用之不竭的寶藏。

最後，讓我們回歸本書的主題「寶藏」，最終我們要落實德育的實踐，真正去「尋寶」。

講起德育，講起文化傳承，背後有深厚淵源，包括宮廟以及民俗節慶等，都是攸關德育的無字之書，但落實在我們每個人自身，其實卻是再簡單不過的「生活日常」。最終我們要怎麼落實德之行呢？讓我們將全書的重點在後面彙整，並且具體列出落實的方法。

## 16-1 阿嬤的祈禱文

在這樣「最美的風景是人」的社會裡，生活其實也可以很簡單，簡單到我們透過阿嬤的祈禱文，就可以感受到這種真善美。祈禱文如下：

「土地公伯，弟子拜託土地公伯，保佑老伴身體健康，我的痠痛趕快好起來，我兒子的事業順利賺錢，女兒生產母子平安，孫子身體健康功課好，拜託土地公伯保庇全家平平安安。」

阿嬤的祈禱文展現了中華文化個人對家庭的責任，阿嬤的每一個祈禱，關心家人的健康平安，她日常與人為善，她日常勤奮持家，她日常敬老尊賢，她一輩子做對得起良心的事，因此當她在祭拜時，心中坦蕩蕩，她一邊祝福，一邊也在回報她如何落實德育。

阿嬤是每個人的母親，也是我這輩子最敬重的人，這一生不論有多少成就，有什麼精彩的創業歷程或人生閱歷，在她的面前，永遠仍是個學習中的孩子。

本書所有傳達的智慧，背後的根本就是阿嬤，以及我們一代又一代的先祖。讓我們傳承阿嬤的精神、家族的精神，也就是德育的總體精神，一起來落實真善美，我們每個人自己就是一個寶藏。

## 16-2 取寶方法

　　原來寶藏深藏在民間，自己也是寶藏，到底該如何找出這些寶藏呢？只要落實阿嬤的祈禱。具體來說，可以歸納出五個人人可以實踐的重點：

### 方法一：每天祈福三分鐘

　　各位讀者想想，基督教徒每星期都要參加禮拜，並且一天當中的三餐時間，都要先禱告。此外，回教徒也是一天有五次要面向聖地麥加方向祈禱。本書不談宗教，但要了解宗教背後的意義。

　　以祈禱來說，我們可以先聚焦一個神，但透過外溢功能，一心念善，諸法皆能合一。

### 方法二：參加 3 到 5 個社團

　　想要人與人之間互動更密切，就要行動。如果只是平日遵守交通規則、對師長有禮，這些只是個人的基本禮貌、基本德育。

　　但若要讓德育變得更有影響力，就要參加活動。這裡要強調兩個基本重點：

## 1. 在家靠父母，出外靠朋友

懂得廣結善緣的人，就會時常擁有資源。其實一開始這不是刻意帶著目的性，而是秉持著真誠來交友，但當人際匯聚且在共事中，逐漸形成默契以及信任感，後續就自然而然有正面影響力。

## 2. 成長自己，服務他人

如同前一點所說的，一開始是秉持著真誠，我們不是為了利益來交友。我們總是思考著，自己如何來幫助別人，藉由參加社團我們可以增進歷練，也增進學習。

至於社團活動，建議要更多元化，如此可以讓每個人的生活、生命及生存，也就是「三生」，變得更充實有內涵。建議的選項有：

(1)**社會性社團**：例如獅子會、青商會、扶輪社以及同濟會等。

(2)**運動類社團**：包括各種球類或登山、騎鐵馬、游泳都可以。

(3)**地緣或親緣社團**：包含宗親會、同鄉會等。

(4)**宮廟一文一武社團**。

### 方法三：成立精進的讀書會

年輕人剛自學校畢業投入職場，如何在競爭激烈的社會勝出？除了對自己的工作更加精進，還要通識其他領域的學識和技術，更要拓展人際關係，以儲存未來發展的能量。

精進讀書會運作方式如下：

1. 「精進讀書會」成員不在多，只要 3 到 7 人左右即可，每週定時定點聚會，每次聚會安排一位成員專題簡報，大家根據簡報主題提出討論。每一輪至少一次邀請一位貴賓參與聚會，俗話說：「三人行必有我師。」如此可以拓廣視野加大人際關係。

2. 「精進讀書會」會長的產生，參考結拜兄弟會組織的傳統，是由最年長的會員擔任，這種決定領導人的方式，乃是傳承敬老尊賢的傳統文化，會保持全體會員和諧相處。

3. 「精進讀書會」是「結拜兄弟會」的改良版，前人創辦結拜兄弟會，有很深厚的意義，精進讀書會一次又一次的專題討論，每個人都會增廣見聞，博學多才，又可以結交社會上的賢達。甚至邀請長官參與，讓長官更加了解自己的努力，對於個人未來會有很大的助益。

## 方法四：養成讀經的習慣

德育的落實，最佳方式是融入生活中，我們除了平常可以接觸宮廟、民間信仰和民俗活動等無字之書外，另一個我們可以列為日常德育精進的項目，而且最好是每天都做到的，就是讀經。

這裡的「經」自然不是一般定義的「唸經」（唸佛經），而是「讀經」，閱讀經典的意思。在前面我們介紹宮廟時，曾建議宮廟設置一個讀經區，另一個我們建議的讀經所在，就是在自己家裡。

建議在各家的神明桌或祖先牌位旁，建立一個讀經小區域，鼓勵家人養成習慣，每天念誦十五分鐘的經典，好比《孝經》、《論語》……等等。

家中若原本沒有神明桌，也可以另闢一個小區域，這區域不需占很大空間，可能就剛好夠一、兩個人坐著，或甚至蒲團打坐形式也可以。在牆上可以張貼王母娘娘或者神明的圖像，簡單布置一下就是個讀經區，讀完經後撤掉椅子，也不會妨礙日常的家居作息。

鼓勵人們經常性的讀經，在不要有壓力情況下，只要養成習慣，每天至少讀十五分鐘的經典書籍，家家戶戶如此，必可端正社會風氣。當然，這部分日後也會有相關的配套，例如結合宮廟的讀經區，以及經書如何供應等等。

重點是讓讀經普及化，畢竟我們全書談了很多德育的歷程及觀念，但最終還是需要落實在「行動」上。在從前

年代，讀經其實是學生的日常，那年代叫做私塾，上課讀的就是這些德育經典。

而在有字之書普及後，原本在二十世紀，學校還有教授《公民與道德》，並且日常強調四維八德等校訓，可惜這些在二十一世紀逐漸被廢除及忽視。

現在學生幾乎沒什麼教育管道可以學這些德育，結果是媒體取而代之，長期以往青少年被灌輸的是媒體「抑善揚惡」的觀點，這絕非社會之福，因此我們鼓勵推廣讀經的習慣，讓每個人都來參與。

所謂「三日不讀書，面目可憎」，德育要深入日常生活裡，最好天天讀，讓大家溫故而知新，畢竟經典也不是讀一次就記住，要「學而時習之」，且隨著個人閱歷增長，也會有更多的體悟。

## 方法五：每日一份工作單

如同下面這張清單，就是「德之行」的落實，這是「今天的工作單」範例：

今日的工作單

| 1 | 給 ooo 公司送報價單。 |
|---|---|
| 2 | 確認 ooo 公司的品質、數量。 |
| 3 | 新進人員上 5S 課程。 |
| 4 | 送紅包給認真工作的行政部小妹。 |

| 5 | 準備下午 kpi 會議資料。 |
| 6 | 中午和國中同學 ooo 吃飯。 |
| 7 | 給大哥準備生日禮物。 |
| 8 | 打電話問候 ooo 公司陳董的母親。 |
| 9 | 問候貨車司機小孩出院了嗎？ |
| 10 | 約幾位同事星期日一起帶小孩去陽明山。 |
| 11 | 請吳小姐帶媽媽的維骨力，老爸的綜合維他命。 |
| 12 | 聯絡陳醫生，照顧小妹生產。 |
| 13 | 請會計領 20 萬元，給老婆帶岳父母去日本。 |
| 14 | 今天晚上土地公會。 |
| 15 | 晚上帶兒子上讀經課。 |

　　整體來看，就是一件一件希望今日事今日畢的工作，每件若能完成就是一種「落實」，我們先不高談闊論什麼未來的理想抱負，光是以「一日」為單位，這些都是需要做到的事。從以上流水帳式的工作單也可以看到，分屬不同屬性，而非僅限於「工作」，還包含修身、齊家、治國、平天下，以及各項做人做事的道理。

　　這個清單有很複雜嗎？有什麼艱難的挑戰任務嗎？沒有，就只是一張簡單的工作清單，也是一天的備忘錄。但說簡單，卻又有個深奧的道理，什麼道理呢？那就是四個

字：「**做就對了**」。許多的人生至理，到頭來也就是這四個字。

做就是有，沒做就是沒有，好比條列第九點：「問候貨車司機小孩出院了嗎？」這件事很簡單，就只是看到司機開口問一句話而已，然而花幾秒鐘所帶來的影響，可以讓對方感受到我的關心，也增進了彼此的情誼。

雖然就只有幾秒鐘的時間，但是如果忘了，就是沒有做這件事，結果就是 0，什麼都沒有。這雖然是件小事，但是沒有就是沒有，當生命中累積一個又一個的「沒有」，那問題就大了。

如下圖，我們要落實德育，最簡單的評量標準，就是「今日事，今日畢」。

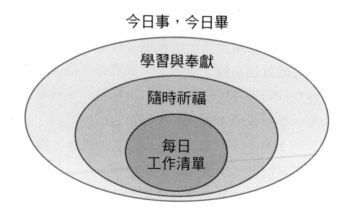

今日事，今日畢

學習與奉獻

隨時祈福

每日
工作清單

## 16-3 德育的推展

　　走筆至此，這是一本關於如何尋回我們的寶藏，也就是固有珍貴德育文化的工具書。而我們一路從德之知走到德之行，萬般學問，最終德之失所分析的現在社會種種狀況，就是一個斷鏈的問題。「斷鏈」了怎麼找回來？以下就是通往寶藏的十條祕道：

### 1. 以有字之書及無字之書併行，推廣德育
　　本書強調找回我們的無字之書寶藏，特別是被遺忘的，原本重要德育功能的宮廟以及民間習俗。但我們更不會忽略有字之書的重要性，而是要讓無字之書和有字之書相輔相成相結合，讓德育從扎根到具體落實，成就人們的德育養成，成為一個有路用的人。

　　不能因為有字之書普及、義務教育普及，就因此捨本逐末，忘了原本帶給我們，最根本教育影響的無字之書教育。

### 2. 打造全民終身學習德育
　　本書建議結合全省各地的宮廟，形塑一個成年禮體系，以及一個終身學習的機制，透過讀書會、一文一武一

特色學習等等，真正可以做到「活到老、學到老」，精進德育，也精進智慧。

### 3. 打造三代同堂的中型家庭社會

政府只要推廣中型家庭觀念，必得以讓原本的斷鏈得到再續的生機。其境界不僅僅是可以「老吾老以及人之老，幼吾幼以及人之幼」，實際上，一旦找回家族這個德育的關鍵核心，就好像失去引擎的車子，重新安裝回引擎，其影響力將重新改造臺灣深遠，重新找回真善美的社會文化。

### 4. 打造家族型態的新社區

結合前述配合都更，建置四房可以三代同堂的房子，再加上打造家族化的社區，十年、二十年後，定能讓臺灣的社會現象整個大改觀。如今少子化、單親家庭、離婚率高等導致社會亂象的問題，都會大幅消失，創建出臺灣另一個傲視亞太地區的奇蹟。

### 5. 全民打造安全生活環境

生活環境的安定安穩，不僅僅依賴政府的力量，全民都可以共同參與，藉由落實社區結合在地的 KPI 防護機制，早些發現及防範各種影響安全的因子，像是天災（土石流）、人禍（交通狀況易出事地點），以預防勝於治療

概念，讓全民都可以在安全的環境生活。

## 6. 全民打造互助型志工

重視在地的特色化，包含深入及廣化和社區在地的主題學習，以及本地志工的培育，並且打造跨區乃至於全國性的連結，形塑一個志工網絡。如此，在承平時，地方志工是在地互動及學習的基礎，在有任何狀況（包含天災人禍，例如重大交通意外，或農產過剩必須調節等），志工也都可以跨區支援，互助也帶來心安。

## 7. 全民接受「家庭學」教育課程

每個人都是家庭的成員之一，要面對來自不同家庭的價值觀，習慣不同的新成員，也包含情緒管理的問題等等。舉凡跟成立一個家庭有關，從兩個家庭成員結合到養育子女，以及隨著年齡增長，在人生不同階段所會遭遇的問題，都屬於全民都要學習的家庭學。

## 8. 全民推廣東方文化共同價值觀

全民建立研讀經典的習慣，重新找回德育的價值，不僅僅在釋、儒、道經典中有著三生三世的智慧，也包含我們可以開拓心胸，將閱讀的經典擴及其他深厚文化，如基督教文化及回教文化的經典。

## 9. 打造分工合作共享資源的社會

在從前，我們曾與原住民共享土地資源，帶來和平相處，也以水資源共享，帶來漳泉族群融合。到了現代，我們面對更多的環境問題，包含空氣汙染、休閒運動空間不足等等，同樣的，我們需要秉持著資源共享精神，打造和樂社會。

## 10. 發揚走動活動互動的精神

最後，讓我們回歸「德之行」的重要落實方法，亦即走動、互動、活動，特別是在現代社會，人人手機不離身，看似人與人相聚，其實大家都只專注在自己的手機。要解決電子產品帶來的「宅」問題，讓我們重新找回德育裡的走動、活動、互動精神。

## 德之行總覽大綱

| 主題 | 重要項目 | 德育重點 |
|---|---|---|
| 找回宮廟德育傳承定位 | 撕掉「民間信仰為迷信，民俗活動為宗教活動」的標籤 | 無字之書回到德育的功能。 |
| | 宮廟社團法人化 | ·　財務管理透明。<br>·　訂定工作計畫。<br>·　文化精英薈萃。<br>·　充分發揮「動」的功能。 |
| | 成立讀書會 | 吸收先人智慧，建立共同價值觀。 |
| | 一文一武一特色 | 菁英回到宮廟的運作，培養更多的菁英。 |
| | 建立互助型的志工服務隊 | 找回家族鄰里「相換工」的美德。 |
| | 設立讀經區 | 宮廟設置一個區域，鼓勵民眾可以常態的來讀經。 |

| 世說新語 | 世說新語報應觀 | 宮廟成為新時代教育基地。 |
|---|---|---|
| | 世說新語成年禮 | ・ 區分「成年」的關鍵在於當責。<br>・ 貫穿成年禮的核心概念是中華文化。<br>・ 成年禮最終要落實在「實踐」。 |
| | 世說新語資源共享 | ・ 土地資源共享。<br>・ 山地資源共享。<br>・ 大地資源共享。 |
| 德育的<br>實踐<br>在家庭 | 解方一：<br>三代同堂<br>香火永續 | ・ 硬體：政府送一房，四房空間足。<br>・ 軟體：全民家庭學，情緒管理學。 |
| | 解方二：<br>家族化社區<br>互助共榮 | ・ 硬體：兒童學堂、老人共餐。<br>・ 軟體：人人志工、事事志工。 |
| 做一個<br>有路用<br>的人 | 每個人的日常生活 | ・ 每天祈福三分鐘。<br>・ 參加 3-5 個社團。<br>・ 成立精進的讀書會。<br>・ 養成讀經的習慣。<br>・ 每日一份工作單。 |

## 【結語】你我都該倍感珍惜的寶藏

「不識廬山真面目，只緣身在此山中。」

相信這是很多讀者，於看完本書掩卷後，內心裡會有的感慨。現今民間信仰和民俗活動的神聖性逐漸式微，由此社會上產生一連串令人憂心的問題。年輕人不婚不生，造成少子化，加之離婚率高，單親家庭多，而延伸出許多治安問題。

近年人口老化趨嚴重，老人獨居和幼童托育困擾著年輕族群，因此，解決以上問題成為各級政府施政的重心。其實被社會大眾漠視的民間信仰和民俗活動，是先人留給我們解決這些社會問題的利器，故名「寶藏」以記錄之。

到底有哪些寶藏呢？相信讀者已經了然於胸，這裡也不嫌麻煩的在本書最後，再把這些寶藏於此統整條列。

基本上，本書談論的寶藏很多，光以民間習俗就可以列出數百個，但在此謹以大的項目來看，依照本書的闡述順序，有以下四大寶藏：

### 一、原汁原味的中華文化

明末清初，福建泉州人和漳州人，移居到臺灣開墾新耕地，也帶來家鄉的民間信仰和民俗活動。雖然已經是清朝時期，所帶來的習俗和風俗民情，卻可追溯到西元 909

年，開閩王王審知自中原帶領河洛人來福建，引進中原的
大學士來福建辦學塾，以及在 34 年期間蓋了大量的廟宇，
運用有字之書的學塾，和無字之書的宮廟文化推展教育，
全民教育成果豐碩，帶動工商業發達。

　　明末清初，號稱唐山過臺灣的先民，所帶來的民間信
仰和民俗活動，是源自於開閩王自中原所引進，原汁原味
以無字之書的方式，傳遞中華文化，是一本先聖先賢所規
畫人格養成，系統完整的公民課本。

## 二、維繫中華文化的釋、儒、道

　　維繫生命之道的佛教、維繫生活之道的儒家思想、維
繫生存之道的道教。

　　1950 年左右，許多高僧與孔孟學者，隨著國民政府
播遷臺灣，數十年來由於釋、儒、道釋放出來的能量，
潛移默化了百姓的心靈，在人格養成方面奠定了良好
的基礎。

　　佛教在臺灣發展普及，甚至在世界各地也都能找到慈
濟、法鼓山、佛光山等宗教團體的足跡。一旦發生各種天
災人禍，這些宗教團體投入各項救災工作不落人後，捐
錢、捐物幫助受災民眾，以及事後舉辦法會，協助親屬療
傷止痛。

　　臺灣隨時隨地都可以看到釋、儒、道的影子，潛移默
化了人們往善提升的力量。

### 三、傳遞中華文化的民間信仰和民俗活動

自先民移居到臺灣之後，從年初到年尾，家家戶戶都是過著節慶的生活，有句俗話說：「舊例未除，新例不設。」這日常節慶的舉行，數百年來仍然依照先民當初引進的方式進行。三萬六千平方公里的臺灣，有一萬多間登記有案的廟宇，一整年各地都有不同的廟會活動，這些廟會活動幾乎是全員參與。

生活上的節慶和廟會活動，在清初缺乏教育設施的時代，是臺灣人接受中華文化薰陶的主要來源，也是養成真善美人格，被稱為最美風景的緣由。民間信仰和民俗活動，已經成為臺灣人的生活日常，無痕的達到活到老學到老，一代傳一代的使命。

### 四、兼具東西文化的臺灣人

臺灣人日常參與民間信仰和民俗活動，無時無刻接受中華文化的薰陶，教育普及又可以讀聖賢書，同時在接觸更廣泛、更深入的中華文化之餘，也不排斥吸收西方文化冒險和創新的精神。

人們同時吸收中、西方文化的教養，各個成為有人格、有路用的傑出人才。21 世紀開始以來，已經有許多優秀的年輕人在網球、羽球、桌球、高爾夫球、舉重、柔道、體操等項目上，成為世界級的頂尖選手。在科技上，也有許多產品成為世界上不可或缺的零組件。

　　熱情善良的人，打造安居樂業的生活環境，臺灣被評選為世界上良好的居住地區之一，臺灣人是寶藏中的寶藏。

　　總結全書，帶領我們去重新找回這些寶藏，而寶藏則以無字之書呈現，現在讀者們應該已經明瞭。不是只有學校課本裡教授的知識才是知識。

　　更多屬於德育無法純以文字傳授的觀念，都蘊含在無字之書裡，而這些德育之書就在你我身邊，只是過往被大部分人忽視，都不知道這些是寶藏。

　　好比：

　　過年過節習俗，是構建家族組織的無字之書。

　　婚喪喜慶禮俗，是實踐人倫關係的無字之書。

　　宮廟活動風俗，是個人情緒管理的無字之書。

　　廟宇和神明，是人格養成的無字之書。

　　三元節廟會，是集古今中外勵志書的無字之書。

　　香火如潘朵拉盒子，預防社會問題的無字之書。


　　這些無字之書，如今讀者是否有更多的理解，接著該如何更進一步的去認識，以及實踐德育呢？原本德育代代相傳，千百年來不輟，近代卻遭遇斷鏈危機，也就是本書所提到的德之失。

　　以下也簡單用一個圖，讓讀者複習本書傳遞的德育之鏈，以及顯示斷鏈危機：

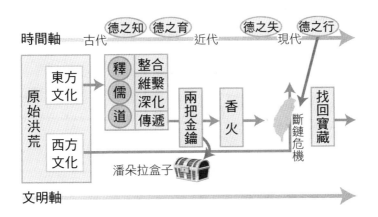

敬愛的讀者們，「寶藏」就圍繞在我們身邊，熠熠含光，唾手可得。個人才疏學淺，並非學者專家，僅以在鄉下成長及參與宮廟活動的經驗，窺知民間信仰與民俗活動，是在傳遞中華文化、教化人心，消弭目前眾多社會問題於無形，也可以幫助眾人家庭美滿事業成功。逐步將心得整理成冊，保存之。

人是臺灣最美的風景，而這個「美」的源頭，即是以上取之不盡、用之不竭的「寶藏」，希望大家都來取寶，使得我們都成為「有人格、有路用」的良才。在此以野人獻曝之誠與大家分享，尚祈各界先進指教！

最後我們對應前面說過的四寶，以兩張圖來做總結。

德育寶藏四寶圖：

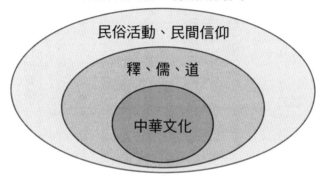

由最核心的祕密層、祕層、內層到最外層，對應著
四個寶藏，同時也代表著一種層層累積的影響力，植基
於中華文化，最終帶領人們成為「有人格的人，有路用
的人」。

德育寶藏境界圖：

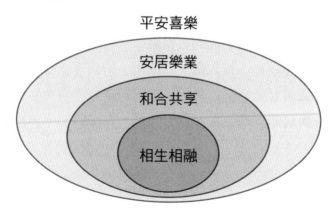

我們可以把前面兩張圖做個對應：

|  | 四層寶藏 | 德育境界 |
|---|---|---|
| 外層 | 做個有人格、有路用的人 | 平安喜樂 |
| 內層 | 民俗活動、民間信仰 | 安居樂業 |
| 祕層 | 釋、儒、道 | 和合共享 |
| 祕密層 | 中華文化 | 相生相融 |

中華文化不但本質上相生相融，幾千年來，融入了不同氏族的文化，並且也帶來一種至今依然持續影響我們的寶藏。讓我們站在中華文化的基礎上，持續吸收新時代不論是 AI 新觀點或是國際多元化思維，而非彼此觀念不同、文化不同就要起衝突。事實上，現今世界的種種亂象，東西方的戰火或對立，都是因為沒有做到相生相融。

以中華文化為基底，東方的釋、儒、道精神，就是在生命、生活、生存等領域，做到「空、和、中」，最終有個重視共享的東方文化社會。而具體展現出來在你我身邊的民俗活動、民間信仰，也象徵著這社會是安居樂業的社會，超越族群、超越社區，藉由各種民俗活動、民間信仰連結在一起。

最終我們追求的是培育出「有人格的人、有路用的人」，人人如此，就是一個充滿平安喜樂的世界。植基於德育寶藏發展出的世界，就會是個平安喜樂的世界。

# 寶藏

臺灣是寶島，寶在哪裡？如何尋寶？

作　　　者／王賜章
美 術 編 輯／孤獨船長工作室
責 任 編 輯／許典春
企畫選書人／賈俊國

總 　編 　輯／賈俊國
副 總 編 輯／蘇士尹
編 　 　 輯／高懿萩
行 銷 企 畫／張莉滎・蕭羽猜・黃欣

發 　行 　人／何飛鵬
法 律 顧 問／元禾法律事務所王子文律師
出 　　　版／布克文化出版事業部
　　　　　　臺北市中山區民生東路二段 141 號 8 樓
　　　　　　電話：(02)2500-7008 傳真：(02)2502-7676
　　　　　　Email：sbooker.service@cite.com.tw
發 　　　行／英屬蓋曼群島商家庭傳媒股份有限公司城邦分公司
　　　　　　臺北市中山區民生東路二段 141 號 2 樓
　　　　　　書虫客服服務專線：(02)2500-7718；2500-7719
　　　　　　24 小時傳真專線：(02)2500-1990；2500-1991
　　　　　　劃撥帳號：19863813；戶名：書虫股份有限公司
　　　　　　讀者服務信箱：service@readingclub.com.tw
香港發行所／城邦（香港）出版集團有限公司
　　　　　　香港灣仔駱克道 193 號東超商業中心 1 樓
　　　　　　電話：+852-2508-6231 傳真：+852-2578-9337
　　　　　　Email：hkcite@biznetvigator.com
馬新發行所／城邦（馬新）出版集團 Cité (M) Sdn.Bhd.
　　　　　　41，JalanRadinAnum，BandarBaruSriPetaling，
　　　　　　57000KualaLumpur，Malaysia
　　　　　　電話：+603-9057-8822 傳真：+603-9057-6622
　　　　　　Email：cite@cite.com.my
印 　　　刷／韋懋實業有限公司
初 　　　版／2023 年 7 月 4 日
定 　　　價／450 元
I S B N／978-626-7337-06-6
E I S B N／9786267337035(EPUB)

城邦讀書花園　布克文化
www.cite.com.tw　www.sbooker.com.tw